Antonio Vázquez Barque(...) drático de economía en la Universidad Autónoma de Madrid. Realizó la licenciatura de Ciencias Económicas en la Universidad Complutense de Madrid y los estudios de posgrado en las universidades de París y Reading. Se doctoró en economía en la Universidad Autónoma de Madrid. Ha sido Visiting Fellow en la Universidad de Yale y profesor invitado en las universidades de Bogotá, Buenos Aires, Caracas, Montevideo, San Martín, Santiago de Chile, Kuala Lumpur, Hanoi y Pekín. Como experto en desarrollo, ha sido consultor del Banco Mundial, de la Comisión Económica para América Latina y el Caribe, del Programa de Naciones Unidas para el Desarrollo, de la OIT y de la Comisión de la Unión Europea.

Las nuevas fuerzas del desarrollo

Las nuevas fuerzas del desarrollo

Antonio Vázquez Barquero

Universidad Autónoma de Madrid

Antoni Bosch editor

Publicado por Antoni Bosch, editor
Manuel Girona, 61 – 08034 Barcelona
Tel. (+34) 93 206 07 30 – Fax (+34) 93 206 07 31
E-mail: info@antonibosch.com
http://www.antonibosch.com

ISBN: 84-95348-16-0
Depósito Legal: B-8190-2005

Diseño de la cubierta: Compañía de Diseño
Fotocomposición: Jesús Martínez Ferouelle
Impresión y encuadernación: Mozart Art, s.l.

Impreso en España
Printed in Spain

A José Ramón Lasuén y a Ramón Tamames

CONTENIDO

PREFACIO

A principios del siglo XXI el desarrollo económico vuelve a ser una cuestión central en los países que han de enfrentarse a la solución de problemas básicos como la mejora del bienestar económico y social, la creación de empleo y la erradicación de la pobreza.

Desde mediados de los años setenta se han producido importantes transformaciones que afectan a la conceptualización del crecimiento económico y de las políticas de desarrollo. De un lado, han cambiado las formas de organización de las empresas (ahora más flexibles e integradas en el territorio) y sus pautas de localización, lo que está transformando los modelos espaciales de desarrollo. Además, muchos países han emprendido procesos de descentralización política y administrativa, que permiten a las ciudades y regiones asumir, en mayor o menor grado, nuevas competencias en política económica. Y en relación con lo anterior, en un entorno de creciente globalización, han ido surgiendo, primero en Europa y más recientemente en Asia y América Latina, nuevos instrumentos de política de desarrollo, a los que prestan particular atención organismos internacionales tales como la Comisión de la Unión Europea, la OCDE, la Comisión Económica para América Latina y el Caribe de Naciones Unidas, el Banco Interamericano de Desarrollo, el Programa de Naciones Unidas para el Desarrollo y la Organización Internacional del Trabajo.

El cambio del escenario político internacional a partir de los años ochenta, con la caída de la Unión Soviética y los regímenes socialistas vinculados a ella, ha acelerado la integración del sistema económico internacional. Pero, al mismo tiempo, ha desvelado con toda su crudeza, que el sistema capitalista, a la vez que estimula los procesos de crecimiento y cambio estructural, mantiene también, grandes desigualdades en la distribución de la renta, y elevados niveles de pobreza y de desempleo.

Esta nueva realidad, unida a la creciente diversidad económica de los territorios y al surgimiento de iniciativas locales de desarrollo desde principios de los años ochenta, definen un nuevo escenario en el que es muy difícil mantener supuestos como la exigencia de que las tasas de crecimiento de los países en desarrollo sean, siempre, mayores que las de los países desarrollados, o que las innovaciones sean externas al funcionamiento del sistema económico, o que las políticas de desarrollo las realicen las administraciones centrales, sin la participación de la sociedad civil y los gobiernos locales.

Por ello, al tratar las cuestiones asociadas con el desarrollo económico parece conveniente adoptar visiones más complejas e integrales, como es la del desarrollo endógeno, que entienden el desarrollo como un proceso sostenible de crecimiento y cambio estructural en el que las comunidades locales están comprometidas por su interés en aumentar el empleo, reducir la pobreza, mejorar el nivel de vida de la población y satisfacer las necesidades y demandas de los ciudadanos.

Con este marco, el libro propone la teoría y práctica del desarrollo endógeno como una interpretación capaz de analizar la dinámica y los cambios económicos en curso y un instrumento válido para la acción en un contexto de continuas transformaciones económicas, organizativas, tecnológicas, políticas e institucionales.

Trata sobre las fuerzas del desarrollo que condicionan los procesos de acumulación de capital y argumenta que el desarrollo empresarial y la formación de redes de empresas, la difusión de las innovaciones y el conocimiento, el desarrollo urbano del territorio y el cambio y la adaptación de las instituciones, son mecanismos que impulsan la acumulación de capital, mientras que su interacción produce un efecto sinérgico que estimula el crecimiento sostenido de la productividad y el progreso económico y social. Por lo tanto, el desarrollo económico de los países, las regiones y las ciudades no depende exclusivamente del nivel de ahorro e inversión de cada economía sino, sobre todo, del buen funcionamiento de las fuerzas del desarrollo y de los mecanismos de acumulación de capital y conocimiento.

El libro se inicia con una discusión sobre la globalización, la pobreza y el desarrollo en la que se plantea la cuestión del desarrollo en el nuevo escenario, caracterizado por la diversidad económica y territorial y la exclusión de una buena parte de la población del mundo. A continuación, el libro desarrolla su argumentación a partir del concepto de desarrollo endógeno que es una visión que permite tener una interpretación de la dinámica económica, basada en la interacción de las fuerzas del desarrollo, en la que se apoya la nueva política de desarrollo.

La parte central del libro (capítulos tres a seis) analiza, en detalle, las fuerzas que caracterizan la dinámica de los procesos de acumulación y desarrollo económico en entornos de creciente competencia e integración económica. Después de definir e interpretar la formación de redes de empresas e instituciones (distritos industriales, alianzas estratégicas) que permiten mejorar la competitividad de los territorios, se analizan los procesos de creación y difusión de las innovaciones, destacando las relaciones de las empresas con su entorno y los aspectos estratégicos de las respuestas de la economía local ante los desafíos globales. A continuación, se analizan las funciones de las ciudades en el proceso de desarrollo y la formación de jerarquías múltiples en el sistema urbano, cada vez mas globalizado, y se discuten las transformaciones de las instituciones en los procesos de desarrollo.

El libro finaliza con un capítulo sobre la sostenibilidad del desarrollo económico, en el que se argumenta que el mantenimiento del crecimiento a largo plazo se basa en la interacción sinérgica de las fuerzas y mecanismos del desarrollo; de tal manera que el efecto combinado sobre el crecimiento de la productividad sea superior al de la suma de los efectos individuales. Desde esta óptica, la política de desarrollo endógeno se puede entender como un catalizador de la acción combinada de las fuerzas que se esconden detrás de las fuentes inmediatas del desarrollo.

Deseo expresar mi agradecimiento a los compañeros que me ayudaron con sus comentarios y sugerencias a hacer este esfuerzo de interpretación del desarrollo, y especialmente a Francisco Alburquerque del Consejo Superior de Investigaciones Científicas, a María Teresa Costa Campi de la Universidad de Barcelona, a Sergio Boisier de la CEPAL, a Óscar Madoery de la Universidad Nacional de San Martín en Buenos Aires, a Sonia Barrios del CENDES de Caracas, a Ricardo Brinco de la Fundación de Economía y Estadística de Porto Alegre, a Roberto Camagni del Politécnico de Milano y a Denis Maillat de la Universidad de Neuchatel.

La redacción de este libro debe mucho a Antoni Bosch quien desde el primer momento acogió la idea de hacer un libro que de forma directa y clara presentara las aportaciones más recientes de quienes entienden el desarrollo económico desde la óptica espacial y territorial. Sus comentarios a un borrador anterior, así como los de José Ángel Vázquez Barquero, de la Universidad de Vigo, y los de Antonia Sáez Cala, de la Universidad Autónoma de Madrid, me ayudaron de forma particular a hilvanar el hilo conductor de la exposición.

Por último, la redacción final de este libro ha contado con el apoyo inestimable de mi hijo Francisco Vázquez Grande, matemático, que actualmente realiza su tesis doctoral, de Luz María Mampaso, física, y de José Luis Blanco, informático, con quien discuto de economía y sociedad desde hace mas de treinta años, quienes han leído las últimas versiones del texto y me han hecho comentarios sobre contenidos y estilo que me han permitido mejorar la redacción final. Los comentarios de Javier Alfonso Gil, de la Universidad Autónoma de Madrid, y de Romeo Cotorruelo, de INMARK, me ayudaron a hacer el texto más preciso y ágil.

A todos ellos muchas gracias.

1. Globalización, pobreza y desarrollo

En un mundo cada vez más integrado, en el que las nuevas tecnologías de la información, los transportes y las comunicaciones facilitan y refuerzan el funcionamiento y la interacción de las organizaciones, los sistemas productivos y los mercados adquieren, paulatinamente, dimensión global. A la vez, los estados ceden protagonismo y liderazgo en los procesos de cambio tecnológico y económico a las grandes empresas innovadoras, generalmente multinacionales.

La globalización es un proceso multidimensional que se caracteriza por el aumento de los flujos económicos y financieros a nivel internacional, pero también por el intercambio cultural, político e institucional. En contra de lo que se sostiene con frecuencia, la mayor integración económica ha puesto de manifiesto la diversidad de senderos de crecimiento que pueden seguir las economías. Los países, las regiones y las ciudades difieren entre sí por la cantidad y tipo de recursos y activos económicos, humanos y culturales de que disponen, pero los ritmos de crecimiento y los niveles de bienestar dependen, sobre todo, del desarrollo de las fuerzas que impulsan el crecimiento y de los efectos de su interacción.

La nueva realidad competitiva ha puesto al descubierto que el crecimiento de la productividad y el progreso económico no afectan por igual a todos los países. Las desigualdades en los niveles de vida han ido creciendo, de forma progresiva, desde el inicio de la revolución industrial a mediados del siglo XVIII, marcando cada vez más las diferencias entre los países ricos y los países pobres. Incluso, las diferencias entre los países menos desarrollados han aumentado, de tal manera que en los países de desarrollo tardío que se globalizan, con cerca de tres mil millones de habitantes, los niveles de renta se sitúan cada vez más cerca de los de los países desarrollados y paulatinamente se reducen los niveles de pobreza (notoriamente, en los casos de China e India), mientras que los países menos integrados, con dos mil millones de habitantes, ven aumentar la pobreza absoluta y sufren la marginación internacional (sobre todo en el caso de los países africanos).

El cambio del escenario económico y político que se produce a partir de mediados de los años ochenta, no sólo ha planteado la necesidad de nuevos enfoques que permitan comprender la nueva realidad, sino especialmente de nuevas formas de actuar, más cercanas a la sociedad civil, capaces de dar las respuestas adecuadas a los problemas de desarrollo de cada territorio, y a ello están siendo más sensibles las organizaciones internacionales.

1.1 Globalización e integración económica

A partir de principios de los años ochenta, el proceso de integración se ha acelerado de forma progresiva como consecuencia del final de la guerra fría, de la gradual desregulación que afecta a los intercambios económicos a escala internacional y del fortalecimiento de las regiones económicas, lo que ha dado lugar a un nuevo paradigma, la globalización.

La globalización es un proceso cuyo surgimiento algunos autores como Ferrer (1996) lo sitúan a comienzos de la Edad Moderna, pero que en realidad alcanza su consolidación durante el periodo 1870-1914 (O'Rourke y Williamson, 1999). La etapa actual comienza alrededor de 1980, con un aumento progresivo del comercio internacional, el crecimiento del flujo de capitales, un fuerte avance de las tecnologías de la información y de las comunicaciones, un nuevo despliegue espacial de las empresas multinacionales, y como consecuencia un aumento sensible de la integración de los mercados.

Desde mediados de los años ochenta se produce una importante expansión de las exportaciones mundiales, multiplicándose el comercio internacional por cinco en los últimos treinta años del siglo XX, sobre todo debido a la reducción de las tarifas aduaneras. Los países asiáticos de industrialización reciente (Corea, Hong Kong, Singapur, Taiwan) han fortalecido, de manera significativa, sus posiciones en el comercio mundial, hasta el punto de que han doblado su participación en las exportaciones de productos manufacturados a escala mundial. América Latina tuvo también un crecimiento elevado entre 1990 y 2002, con una tasa anual del 9,1%, superada sólo por China y los países del sureste asiático. La apertura de los mercados produjo un aumento de las exportaciones de productos manufacturados procedentes de los países en desarrollo, que en 1998 suponían el 80% del total de sus exportaciones (25% en 1980); incluso, en países de bajos ingresos como China, Bangladesh y Sri Lanka las manufacturas superaban el 80% de las exportaciones totales.

Los movimientos de capitales a corto y largo plazo se han intensificado, activados por el sistema bancario internacional y los nuevos intermediarios financieros como los fondos de pensiones, los bancos y fondos de inversión y las compañías de seguros (Eichengreen, 2000). No obstante, la expansión financiera tuvo durante las últimas décadas fluctuaciones constantes, que produjeron grandes turbulencias en la economía de los países en desarrollo, como señalan los analistas y las organizaciones internacionales. La financiación externa osciló de unos periodos a otros, alcanzando los puntos máximos durante 1977-1982 (2,3% del producto de los países en desarrollo) y en 1993-1997 (2,8%), y los mínimos durante 1983-1990 (0,5%) y 1998-2000 (0,7%).

Pero, quizás, el hecho más notable haya sido el crecimiento de las inversiones directas. Las más de 60.000 mil empresas multinacionales que operan en la economía mundial, han desarrollado nuevas estrategias organizativas y territoriales, que han estimulado las fusiones y adquisiciones de empresas. El flujo de inversiones directas pasó de 200 millones de dólares anuales entre 1989 y 1994 a 1.300 millones en el año 2000. Aunque los flujos más importantes se dieron entre los países desarrollados, en los países en desarrollo crecieron de forma importante hasta multiplicarse por cuatro entre 1989-1994 y el año 2000 (en América Latina se multiplicaron por cinco). Los principales receptores de las inversiones directas en los países en desarrollo fueron Chile y los doce mayores países emergentes entre los que destacan Argentina, Brasil, China, Malasia, México y Tailandia.

Así pues, la globalización es un proceso de integración que está asociado con el aumento de los intercambios de bienes y servicios, la internacionalización de los capitales y el aumento de la producción internacional de las empresas multinacionales. Sin embargo, para muchos el rasgo que caracteriza la etapa actual del proceso de globalización es el hecho de que la internacionalización de los mercados, de los capitales y de la producción está ligada a la utilización de las nuevas tecnologías, sobre todo de la información, diferenciándose de periodos anteriores más orientados a la búsqueda de materias primas y de nuevos mercados de productos.

Pero, ¿cuáles son los factores responsables de la aceleración del proceso de integración económica, a partir de 1980? La OCDE (1996) sostiene que, entre otros, son: los cambios en las políticas económicas y comerciales, que han generalizado la liberalización de los mercados de bienes, servicios y factores; las nuevas estrategias de las empresas multinacionales que aprovechan las oportunidades de localización que la integración les presenta; y la introducción de innovaciones en las tecnologías de la información, los transportes y las comunicaciones que facilitan la integración de los mercados y la producción multinacional y reducen los costes de producción y de los intercambios.

La fase de globalización en curso estaría dando lugar a un nuevo orden internacional y a una nueva división internacional del trabajo. El liderazgo de la economía global correspondería a los países de la OCDE y a algunos países de industrialización reciente de Asia (Corea del Sur, Singapur, Taiwan) que liberalizaron los mercados y privatizaron buena parte de las empresas públicas, que abrieron sus economías al capital internacional y cuyos sistemas productivos están más integrados internacionalmente. A ellos habría que añadir un grupo de países de desarrollo tardío, cada vez más globalizados e integrados en los mercados internacionales, que serían alrededor de veinticuatro, según el Banco Mundial (World Bank, 2002), entre los que destacan Argentina, Brasil, Chile, China, Hungría, India, Malasia, México, Filipinas y Tailandia. El resto de los países, formados en buena medida por los países africanos, extremadamente pobres, y algunos de los que pertenecían a la antigua Unión Soviética, quedarían excluidos de la globalización a menos que sean capaces de aceptar las reglas de libre competencia y abrir sus economías a los mercados internacionales.

¿Es la globalización, en realidad, un fenómeno tan importante y relevante para las economías nacionales? La información que se maneja muestra que se ha desorbitado su dimensión, sobre todo, cuando se compara con lo que ocurrió en etapas anteriores del proceso de globalización. Ante todo, hay que reconocer con Ferrer, que la globalización es un proceso menos difundido de lo que parece. Sin duda, la integración económica se ha ampliado en las últimas décadas, pero hay importantes áreas de las economías nacionales que sólo se ven afectadas indirectamente por la integración. Según Naciones Unidas, en los años noventa, el 80% de la producción mundial se dirigía a los mercados nacionales, el 95% de la inversión se financiaba con el ahorro interno, y nueve de cada diez trabajadores trabajaban para los mercados nacionales.

El comercio internacional de los países en desarrollo y las inversiones extranjeras han aumentado de forma espectacular, pero los flujos financieros y de mano de obra no han alcanzado los niveles relativos de la fase anterior del proceso de globalización, 1880-1914. Según Madison (2001), en 1998 el stock de capital internacional representaba el 22% de PIB de los países en desarrollo, una cifra bastante inferior al 34% de 1914. Entre 1870 y 1910 cerca del 10% de la población mundial emigró a otros países, mientras que en el momento actual solo el 2% de la población mundial vive en un país extranjero (120 millones).

Por último, la difusión de las tecnologías de la información y las comunicaciones ha tenido, hasta ahora, un impacto económico y social, relativamente menos importante que las innovaciones del periodo 1870-1914. Ha facilitado, sin duda, la producción y el intercambio de la información entre las empresas, el sistema financiero, y los clientes y proveedores, pero sus efectos sobre la productividad global son relativamente limitados, ya que aún no han logrado impulsar la creación de nuevos productos de consumo y de bienes de inversión en la misma medida que lo hizo a partir de 1870 el motor eléctrico.

Además, aunque la difusión de las tecnologías de la información y de las comunicaciones ha propiciado que se realizaran cambios en la organización y gestión de las empresas, sobre todo los relacionados con la sistematización de las tareas rutinarias y administrativas, su contribución a los procesos de transformación de los modelos de organización jerárquica de las grandes empresas, conocidos como modelos fordistas, y a la mejora de la cualificación de los recursos humanos ha sido, hasta el momento, más bien limitada. Por último, en el área de los transportes y las comunicaciones, el periodo 1870-1914 fue sustancialmente más innovador que el actual, con la sustitución de la navegación a vela por la navegación a vapor, el desarrollo de la industria del automóvil y de la aviación, y la expansión del ferrocarril.

1.2 Diversidad económica y territorial

Como acabamos de ver, en los últimos veinte años, el proceso de integración económica se ha acelerado y la competencia entre las empresas, los países y las regiones ha aumentado, lo que ha inducido al ajuste de los sistemas productivos, la transformación del mercado de trabajo, el aumento de la renta, y la mejora general del bienestar en muchos territorios. Pero, este tipo de generalizaciones resultan de escaso valor ya que, en la realidad, las economías y los países presentan una multiplicidad de situaciones que reflejan la complejidad del sistema económico, social e institucional.

Las dinámicas económicas de los países, las ciudades y las regiones son muy diferentes unas de otras. Cada territorio tiene un conjunto de recursos materiales, humanos, institucionales y culturales que constituyen su potencial de desarrollo; y que se expresa a través de la estructura productiva, el mercado de trabajo, la capacidad empresarial y el conocimiento tecnológico, las infraestructuras de soporte y acogida, el sistema institucional y político, y su patrimonio histórico y cultural. Sobre estas bases cada economía articula sus procesos de crecimiento y cambio estructural y, como consecuencia de la interacción de las empresas y los demás actores económicos en los mercados, se obtienen resultados muy diferentes que dan lugar a una gran variedad de situaciones, proyectos y procesos económicos, sociales y políticos.

Los cambios económicos, tecnológicos e institucionales del último cuarto de siglo han dado lugar a fuertes transformaciones de los sistemas productivos. Los cambios en los gustos y la demanda en general, supusieron un desajuste con la oferta existente de productos de las empresas, lo que alteró la capacidad competitiva de las regiones y localidades, tanto de las economías pobres como de las economías ricas. El aumento relativo de los costes de producción (de la mano de obra y de la energía, sobre todo) afectó a las funciones de producción de las empresas y provocó procesos como el cierre de empresas industriales, el cambio de la localización de las plantas productivas y el aumento de las ventajas competitivas de algunos sistemas productivos locales. La desconcentración de las funciones productivas, el aumento de la subcontratación y la expansión de los servicios a las empresas introdujeron, a su vez, nuevas alteraciones en las economías y sistemas productivos de las ciudades, regiones y países.

Los resultados fueron diferentes de unas economías a otras en función de la capacidad de respuesta de cada territorio a estos nuevos desafíos. La experiencia señala que los factores que han determinado los procesos de reestructuración productiva y crecimiento económico son: la difusión de las innovaciones en el tejido productivo, la cualificación de los recursos humanos, la capacidad emprendedora de las empresas, la flexibilidad de las organizaciones empresariales, la transformación y adaptación de las instituciones, y la integración de las empresas, ciudades y regiones en redes competitivas e innovadoras, a escala nacional e internacional.

La globalización está acelerando las transformaciones productivas y los procesos de desarrollo económico, dando lugar a un nuevo sistema territorial en el ámbito global, que algunos denominan economía del archipiélago (Veltz, 1999), o, si se prefiere, a una nueva división espacial del trabajo a escala internacional. Este proceso espontáneo de actores económicos, sociales y políticos ha hecho aumentar la diversidad del sistema económico y territorial. Han aparecido nuevos productos, algunas producciones se han diferenciado y los territorios han adoptado nuevas funciones económicas y productivas. El sistema urbano y regional se hace cada vez mas policéntrico y las jerarquías regionales y urbanas tienden a reducirse a medida que las relaciones y las redes de empresas y ciudades se intensifican como consecuencia, precisamente, de los efectos de la globalización.

El sistema productivo de las ciudades y regiones más dinámicas, en las que se sustenta la economía global, está más diversificado que en los años de la guerra fría. Lo forman las actividades industriales de alta tecnología (como la microelectrónica, la biotecnología, la robótica o la industria aeroespacial), aquellas actividades manufactureras que en los años cincuenta y sesenta se caracterizaban por su producción estandarizada y que se han reestructurado y han diferenciado su producción introduciendo innovaciones (como la industria de la confección o la del automóvil), las actividades avanzadas de servicios (como el marketing, el diseño o la asistencia técnica), y los servicios financieros y de ocio.

El aumento y la diversificación de la producción de bienes y servicios y de las actividades que impulsan y estimulan el sistema productivo han diversificado el sistema territorial. Hay dos procesos que lo explican. Por un lado, la conversión de los sistemas urbanos nacionales en un sistema urbano europeo o latinoamericano (es decir, en sistemas urbanos globales) introduce un cambio en las relaciones interurbanas que transforma los sistemas de precios y costes, así como las relaciones empresariales y políticas a escala global. Consecuentemente, se crean las condiciones para el aumento de la diversidad de las funciones económicas, políticas y organizativas de las ciudades y regiones en un sistema más relacionado e interactivo. Por otro lado, el aumento de la variedad de productos y actividades reduce la capacidad de concentración de funciones productivas y comerciales en una ciudad o región urbana, debido a las deseconomías de aglomeración. Esta dinámica genera la formación de sistemas urbanos más flexibles y la reducción de la jerarquía en los ya existentes.

El aumento de la diversidad de los territorios y de los sistemas productivos se aprecia de forma particular en la dinámica de las áreas rurales de los países desarrollados y de los países en desarrollo, que atraviesan por una etapa de ajustes cada vez más complejos, como consecuencia de la crisis de la agricultura tradicional, la despoblación, la falta de infraestructuras básicas, y el deterioro del medio ambiente. El medio rural presenta una problemática peculiar en un mundo en el que se está produciendo una nueva división internacional del trabajo. Con este nuevo marco todo parece indicar que a las áreas rurales no les queda otro camino que especializarse en actividades productivas y de servicios específicos.

Cuando se analiza la diferenciación de los territorios rurales en función de su integración en el sistema económico internacional, del alejamiento de los mercados y de la capacidad de aprendizaje y de conocimiento de la sociedad local, se puede advertir una gran diversidad de situaciones. Por un lado, las regiones remotas, como las regiones amazónicas, del Tíbet o del África subsahariana, formadas por territorios aislados y con sistemas productivos frágiles, frecuentemente, tienen baja densidad de población, en ocasiones envejecida, y cuentan con unos recursos naturales y un patrimonio histórico y cultural que se deteriora progresivamente; por lo que las posibilidades de entrar en una senda de desarrollo sostenido, utilizando preferentemente los recursos propios, son muy reducidas.

En las zonas marginales de las áreas metropolitanas como son algunos barrios periféricos de Nueva York o de Caracas, que, a su vez, están físicamente integradas en los mercados internacionales, son notorias las insuficiencias en términos del conocimiento acumulado en las instituciones y empresas y de la capacidad de aprendizaje de los ciudadanos y de las empresas, lo que limita su potencial de desarrollo y, en todo caso, suponen una restricción importante a los procesos de desarrollo. Por el contrario, en las regiones que están físicamente apartadas y que disponen de un potencial de desarrollo aprovechable, como por ejemplo en la región del Orinoco en Venezuela, los actores locales pueden hacer uso de los recursos y capacidades existentes en el territorio e integrar los territorios en la economía global. Por último, las áreas rurales con alta capacidad innovadora, que a través de múltiples sistemas de redes (productivas, comerciales, tecnológicas) están integradas en la economía internacional, la capacidad emprendedora y la flexibilidad de sus instituciones les permite generar gran cantidad de proyectos empresariales y, por lo tanto, articular procesos de desarrollo que tienen una dinámica propia.

De igual manera, los espacios industriales son muy diversos, como señala Markusen (2000), entre otros autores. Si se analizan las ciudades y regiones industriales, en función de la organización del sistema productivo (con preponderancia de grandes empresas o de redes de empresas) y del grado de integración de las empresas en el sistema de producción del territorio en donde están localizadas, se puede identificar una multiplicidad de modelos de desarrollo con sendas de crecimiento muy diferentes.

Entre ellos cabe destacar los siguientes:

- Sistemas productivos locales formados por empresas vinculadas entre sí y cuyas actividades productivas están integradas en la cadena de producción de la ciudad o región donde se localizan. El sistema productivo tiene un mercado de trabajo, que funciona siguiendo reglas que le son propias, y las innovaciones y el conocimiento técnico surgen y se difunden con facilidad dentro del distrito; la interacción entre las empresas, a su vez, crea externalidades que articulan el sistema productivo local al territorio y cuyos efectos sobre los costes y beneficios de las empresas no se reflejan en los precios de mercado. Se trataría, por lo tanto, de entornos innovadores como el Jura suizo o el Silicon Valley en California, que han propiciado que sus empresas tengan una elevada capacidad competitiva en los mercados.

- Sistemas productivos locales cuyas empresas realizan actividades que se vinculan a cadenas de producción de otras ciudades o regiones, debido a que algunas de las fases importantes de la cadena de producción (como la investigación y desarrollo o los servicios a las empresas de carácter estratégicos) se realizan fuera del territorio en el que se localizan las empresas. Un buen ejemplo son aquellos distritos industriales, como el de Montebelluna en Italia, reconocido por su producción de calzado de montaña y botas de esquí de plástico. La adopción de innovaciones tecnológicas ha inducido a cambios en la organización de la producción y la descentralización de algunas fases de la producción a los países del sureste de Asia. La entrada de capitales y empresas de fuera ha impulsado la localización de los centros de decisión económica del área en otras regiones y ciudades, por lo que aunque el sistema productivo local mantiene su supremacía ha perdido su independencia.

- Sistemas productivos locales formados alrededor de grandes empresas que realizan todas las funciones (o las más importantes) en la localidad en que se localizan, y cuyas actividades están integradas en la cadena de producción local. La empresa o las empresas líderes compran a proveedores locales y externos y venden, sobre todo, a mercados externos. El mercado de trabajo del sistema productivo y la difusión del conocimiento técnico lo controla la gran empresa y las grandes decisiones de inversión se toman localmente. Turín, sede de la Fiat, es un buen ejemplo de este tipo de sistema productivo, pero también lo es Vigo, en donde una planta de Citroën bien integrada en el sistema productivo local, y Pescanova, una empresa local especializada en productos alimenticios, lideran las transformaciones del sistema productivo.

- Sistemas productivos locales articulados alrededor de empresas que forman parte de cadenas de producción externas y carecen de vinculaciones productivas locales significativas. El sistema productivo está dominado por grandes empresas que utilizan el espacio en el que se radican como un enclave que les permite realizar la producción y mantener un sistema de relaciones económicas y sociales. Sería el caso de empresas independientes o de plantas subsidiarias, que producen para una empresa externa multinacional. Las relaciones con las empresas locales son mínimas, el mercado de trabajo lo controla la gran empresa así como la difusión de las innovaciones y el conocimiento. El Gran ABC en el estado de São Paulo, Brasil, en donde desde los años treinta, con la localización de la General Motors, ha estado concentrada la industria del automóvil alrededor de las grandes empresas multinacionales del sector, y el Research Triangle Park, en Estados Unidos, son dos buenos ejemplos.

En resumen, en un mundo caracterizado por la creciente integración de las economías y de los países, los sistemas productivos de las regiones y de las ciudades muestran sensibles diferencias en sus capacidades y potencialidades de desarrollo. El aumento creciente de la competencia estimula a los actores económicos a tomar decisiones de inversión que tratan de valorizar las potencialidades de cada territorio con el fin de mejorar su posicionamiento en los mercados y, a la vez, aumentar el bienestar de los ciudadanos. La diversidad económica conduce a diferentes sendas de crecimiento para cada uno de ellos, que les llevan a diferentes estados y niveles de desarrollo. La globalización, por lo tanto, plantea un juego abierto y no predeterminado con multiplicidad de senderos de crecimiento, es decir, amplía las posibilidades de respuesta y potencia la diversidad de los procesos de desarrollo de los territorios.

1.3 Desigualdad y pobreza

El proceso de integración económica ha hecho aumentar la competencia en los mercados, y durante décadas ha estimulado los ajustes del sistema productivo de los países, las regiones y las ciudades, inmersos en la globalización; lo que ha propiciado la formación de un sistema productivo y espacial cada vez más diversificado. Pero la globalización no ha conseguido eliminar la pobreza y las fuertes desigualdades existentes en los niveles de renta de una parte importante de la población mundial.

La pobreza es un viejo problema que no aparece con toda su dureza en la escena internacional hasta que a partir de los años ochenta, en plena desintegración de la Unión Soviética, la sociedad y la comunidad científica se plantean con claridad la cuestión de la desigualdad de los niveles de vida de la población. Durante décadas, el pensamiento económico tradicional y las organizaciones internacionales habían mantenido el supuesto de que los niveles de renta de los países menos desarrollados tendían a converger con los de los países ricos, apoyándose en la idea de que la tasa de crecimiento de los países menos desarrollados es mayor que la de los países más desarrollados. Los estudios que se realizaron a partir de los años ochenta muestran la desigualdad de los niveles de vida entre los países y entre las regiones y la existencia de grandes bolsas de pobreza en los países menos desarrollados, sobre todo en aquellos de África y del este de Europa que son incapaces de integrarse en el sistema económico internacional.

Mantener que en el sistema económico mundial existe una distribución desigual de la renta ha dejado de ser una cuestión demagógica. Los indicadores de desarrollo humano que elabora el Programa de Naciones Unidas para del Desarrollo (PNUD), muestran que los países más desarrollados tienen un nivel de desarrollo casi tres veces superior al de los países más pobres (0,897 frente a 0,344, en 1995), veinte años más de esperanza de vida al nacer (73,5 años frente a 51,2 de los más pobres), una población mucho más alfabetizada (95,7% de la población en los países más ricos frente al 49,2% en los más pobres), y un PIB per cápita cinco veces mayor (6.193 dólares frente a 1.008 dólares de los más pobres, en 1995 según el indicador ajustado).

Las informaciones y datos que han elaborado Summers y Heston (1991) y Maddison (2001) muestran que las diferencias de renta han tendido a aumentar a largo plazo, produciéndose divergencias crecientes entre los países pobres y los países ricos. A principios del siglo XIX, la renta per capita de los países más ricos estaba alrededor de tres veces por encima de la de los países más pobres, mientras que en la actualidad ha llegado a ser veinte veces superior. Desde mediados de los años setenta las diferencias de renta entre países han aumentado de manera continua. Entre 1960 y 1990, los países en los que habitan el 20% de la población más rica del mundo aumentaron su participación en el Producto Bruto Mundial del 79,2% al 82,7%, mientras que los países en donde vive el 20% más pobre redujeron su participación del 2,3% al 1,4%.

Así pues, todo confirma que no se ha producido convergencia entre los países a no ser en el caso de los países desarrollados y de los países en desarrollo más globalizados como India y China. El estudio de Milanovic (2001) sobre disparidades del producto per cápita, ponderado por la población, muestra que, cuando se excluye a la India y China, se observa convergencia de los niveles de renta entre mediados de los años cincuenta y principios de los setenta, precisamente durante los años en los que los niveles de integración económica se habían reducido, y un posterior aumento progresivo de la divergencia.

Pero a la vez, parece comprobarse que se ha producido convergencia entre las regiones de los países desarrollados, como muestra la información sobre las regiones de la Unión Europea y del Japón (Sala-i-Martin, 2000), lo que permite hablar de convergencia condicionada cuando las economías comparten factores como las instituciones políticas, sociales y económicas, el nivel de educación, las infraestructuras y la política macroeconómica. En los países en desarrollo, sin embargo, la situación es muy diversa de unos países a otros. Mientras en Malasia y Filipinas la desigualdad de las familias ha disminuido, en América Latina ha aumentado debido al aumento de las diferencias salariales al igual que en China, debido a que la liberalización interior ha creado grandes bolsas de pobreza en las áreas rurales.

Las disparidades en los niveles de renta y la divergencia entre los países pobres y los países ricos esconden un hecho de gran gravedad como es que más de mil millones de personas viven en la pobreza absoluta (con menos de un dólar diario, según el Banco Mundial) y de ellos más de ochocientos millones pueden considerarse como muy pobres. La pobreza se localiza sobre todo en los países del sur (46,9%) y del este (25%) de Asia, en el África subsahariana (16%) y, en menor medida, en América Latina (6,6%).

La pobreza absoluta ha ido creciendo hasta alcanzar en 1980 cerca de 1.400 millones de habitantes y ha comenzado a descender a partir de entonces, sobre todo en los países de desarrollo tardío más globalizados. Según el Banco Mundial, entre 1993 y 1998 la pobreza se redujo en los países en desarrollo más globalizados en un 14% hasta alcanzar los 762 millones de habitantes, siendo predominante la pobreza en las áreas rurales; mientras que en los países más pobres y poco globalizados la pobreza aumentó en un 4% hasta alcanzar los 437 millones de habitantes. En Asia, en su conjunto, se redujo la pobreza en términos absolutos como consecuencia del efecto de la mejora de los niveles de renta en los grandes países como India y China. En América Latina, sin embargo, aumentó durante los años noventa de tal manera que los niveles de pobreza absoluta en 1997 superaban a los de 1980, como reconoce la Comisión Económica para América Latina y el Caribe en su informe de hace dos años (CEPAL, 2002).

En resumen, si se exceptúan los países desarrollados y sus regiones, se puede concluir que el nivel de vida de los países tiende a divergir cada vez más. Desde el inicio de los años ochenta se está reduciendo el número de pobres en los países menos desarrollados cuyas economías crecen a ritmos más fuertes y están más integradas en el sistema económico internacional, mientras que aumenta en el caso de los países con bajas tasas de crecimiento y menos integrados. Esta divergencia se mantiene también en todas las dimensiones de la pobreza como la esperanza de vida al nacer y el grado de alfabetización y escolarización.

1.4 La respuesta local a los desafíos globales

Los hechos señalados anteriormente, como el aumento de la competencia, debido a la continua integración de la economía, la amplitud de la pobreza existente, sobre todo en los países en desarrollo, el aumento del desempleo producido por los procesos de ajuste y reestructuración de los sistemas productivos, junto con la diversidad de los territorios, son realidades que abogan por una visión compleja y amplia de los procesos de desarrollo. En todo caso, que vaya más allá de la visión del fundamentalismo del capital, tan en boga durante los años cincuenta, sesenta y setenta del siglo XX, ya que los nuevos fenómenos del desarrollo observados, indican que las tasas de crecimiento de los países pobres no son, necesariamente, superiores a las de los países ricos, que la innovación es un fenómeno económico y empresarial clave en los procesos de crecimiento, y que las economías tienen estrategias de desarrollo muy diversas que conducen a resultados diferentes, como argumentan Lasuén y Aranzadi (2002).

Además, durante las dos últimas décadas se ha producido un cambio radical en la política económica de los países con economía de mercado, ya que al mismo tiempo que se iban reduciendo e incluso eliminando las políticas industriales y regionales, como consecuencia de la aceptación de las recomendaciones de política económica de lo que se ha venido en llamar el Consenso de Washington de 1989 (un acuerdo informal entre el Tesoro de Estados Unidos, el Banco Mundial y el Fondo Monetario Internacional), han ido apareciendo, primero en Europa en los años ochenta y después en América Latina en los años noventa, nuevas políticas de desarrollo impulsadas por las administraciones locales y regionales.

Desde la época en que el presidente Ronald Reagan, en Estados Unidos, y la primera ministra Margaret Thatcher, en el Reino Unido, impulsaron las políticas liberales, los gobiernos han ido centrando su acción en mantener estable el marco macroeconómico a través de las políticas monetaria y fiscal, para crear así las condiciones más favorables para que los actores económicos tomen sus decisiones de inversión. Durante más de dos décadas los gobiernos de los países pobres y de los países ricos estimularon la reducción de la presencia del estado en la actividad económica, la privatización de las actividades productivas de carácter público, la reducción del papel de las políticas redistributivas, industriales y regionales, y la contención del déficit público, lo que con más frecuencia que la deseada (como en el caso de Argentina) tuvo efectos negativos sobre el crecimiento de la renta y el empleo e hizo aflorar la corrupción.

Los altos niveles de desempleo y de pobreza que se alcanzan a principios de los ochenta, impulsaron un profundo cambio en las políticas de desarrollo, cuando los actores locales y regionales comenzaron a ejecutar acciones encaminadas a incidir sobre los procesos de crecimiento de las economías locales y regionales. Se inicia así la nueva política de desarrollo, que constituye una respuesta de las comunidades locales con el objeto de neutralizar los efectos negativos del ajuste productivo sobre el empleo y el nivel de vida de la población.

Las ciudades y regiones de Europa y América Latina se encuentran, desde entonces, ante la necesidad de reestructurar sus sistemas productivos para hacer frente al aumento de la competencia y al cambio de las condiciones en los mercados; impulsando iniciativas que propicien cambios en la organización de la producción, la difusión de las innovaciones, la mejora de los canales de comercialización y de acceso a los mercados de productos y factores, y en suma, que hagan más competitivas a las empresas y a los territorios. Ante las insuficiencias de las políticas macroeconómicas para resolver los problemas asociados con la creación de empleo y la mejora del bienestar social, los actores locales y regionales, de forma espontánea, trataron de encauzar los procesos de ajuste, mediante acciones que, en ultima instancia, se proponían aumentar la productividad de las explotaciones agrarias y de las empresas industriales y de servicios, y mejorar la competencia en los mercados nacionales e internacionales de las empresas localizadas en sus territorios.

Los estudios realizados sobre las iniciativas de desarrollo en Europa (Bennett, 1989; Stöhr, 1990) y las que en estos momentos se están realizando en América Latina (Alburquerque, 2001; Aghon *et al.*, 2001), muestran que la respuesta local al aumento de la competencia pasa por la formulación y ejecución de estrategias de desarrollo territorial, instrumentadas a través de acciones que persigan el aumento de la eficiencia del sistema productivo, la mejora en la distribución de la renta y el mantenimiento de los recursos naturales y del patrimonio histórico y cultural.

Estas acciones son de carácter muy diverso. Pero la característica fundamental de la nueva política de desarrollo es que buena parte de las iniciativas locales se proponen incidir sobre los factores determinantes del proceso de acumulación de capital. Uno de los ejes principales de la nueva política de desarrollo es la difusión de las innovaciones y el conocimiento en el tejido productivo y social, como puede comprobarse en las iniciativas que funcionan en territorios con dinámicas productivas y niveles de desarrollo muy diferentes. Así, en Rafaela (Argentina), un distrito industrial en transformación, en 1997 se crea el Centro Regional de Rafaela dependiente del Instituto Nacional de Tecnología, que presta servicios como los análisis y ensayos de laboratorio, la investigación y el desarrollo de productos, la asistencia técnica a las empresas locales y la formación de los trabajadores cualificados.

Un caso de particular interés es el del Centro Tecnológico do Couro, Calçado e Afins (CTCCA), de Novo Hamburgo, Río Grande do Sul, en Brasil, que es una entidad privada sin fines de lucro que se fundó en 1972. Surgió con el objetivo de apoyar a las empresas del calzado en la entonces emergente actividad exportadora, prestándoles servicios que les permitieran mantener la calidad de los productos y gozar de la cualificación que los mercados internacionales requieren, y después de treinta años se ha convertido en una institución capaz de estimular las actividades de investigación y desarrollo de productos y de procesos en la industria del calzado de Brasil.

El CTCCA es la única institución en América Latina miembro del SATA, centro tecnológico del Reino Unido que certifica y controla la calidad de productos industriales y de consumo, para quien emite informes técnicos en el área del calzado y del cuero. Además, ha creado en el año 2002 el Centro Brasileño de Ingeniería del Calzado, en asociación con empresas del sector y las universidades de la zona, con el fin de investigar sobre la mejora de la calidad y de la aplicación de las tecnologías de punta en las actividades del cuero, del calzado y otras afines, estimulando la difusión de las innovaciones y de las informaciones técnicas y de mercado entre las empresas. Por último, tiene una organización flexible, en la que participan los empresarios de la zona, instrumentada a través de Consejos Técnicos (como los de la moda y diseño, de maquinaria, de componentes, de formación de recursos humanos o de medio ambiente) que lo hacen muy eficiente, lo que unido a la buena calidad de sus servicios le permite tener buenos resultados económicos.

La creación y expansión de las empresas y la formación de redes de empresas constituyen otro de los objetivos de las iniciativas locales. En Rafaela se crea en 1996 el Centro de Desarrollo Empresarial, financiado por el Banco Interamericano de Desarrollo (BID) y por entidades empresariales locales y el municipio. El Centro proporciona servicios de asistencia técnica y financiera a las empresas locales y regionales, que les permitan mejorar la calidad productiva, tener mayor presencia en los mercados, aumentar la internacionalización de las pequeñas empresas. En la Sierra de los Cuchumatanes (Guatemala), en la frontera con el estado mexicano de Chiapas, en los años noventa se recuperaron y desarrollaron las cooperativas y asociaciones, con plena capacidad jurídica (Organizaciones Formales de Productores Agropecuarios), lo que permitió rescatar las experiencias y conocimientos de autogestión existentes en la población local, que habían desaparecido durante la guerra civil; además, se promovió, la formación de organizaciones sin personalidad jurídica (Grupos de Interés), que aúnan a personas con intereses productivos y comerciales comunes.

Los planes estratégicos y de urbanismo tratan de articular el territorio de forma más eficiente y mejorar el atractivo de las ciudades para aumentar las inversiones de las empresas, como muestran las iniciativas de desarrollo de Curitiba, en Brasil, o los planes estratégicos de Barcelona y Sevilla, en España, de Bogotá, en Colombia, y de Rosario, en Argentina. Vitoria, por su parte, es un buen ejemplo de cómo la creación de un entorno de calidad para vivir y producir ha contribuido de forma notable a mejorar la competitividad de la ciudad y de sus empresas. El Ayuntamiento de Vitoria ha conseguido dotar a la ciudad de un sistema de equipamientos urbanos, infraestructuras de bienestar social (dispensarios, centros culturales y de ocio) y de servicios asistenciales, verdaderamente, importantes y reducir los desequilibrios existentes entre los barrios de la ciudad. El Plan Especial de Rehabilitación del Casco Histórico ha permitido frenar el deterioro urbano, recuperar su valor funcional e integrarlo al resto de la ciudad.

Además, la preocupación por el desarrollo sostenible ha llevado a las ciudades a desarrollar proyectos imaginativos como en Curitiba, Brasil, en donde, a finales de los años noventa, se lanzó un proyecto que trata de integrar acciones de infraestructura urbana (construcción de una vía de circulación que comunica catorce barrios de la periferia de la ciudad) con iniciativas de negocios basadas en equipamientos (barracones comunitarios) en los que la población puede instalar microempresas y pequeñas empresas con el apoyo de los servicios que se prestan a través de la formación profesional y empresarial.

A su vez, el desarrollo de las instituciones de la ciudad se ha convertido en uno de los rasgos característicos de la política de desarrollo de Rafaela. Durante los años noventa la sociedad civil y las organizaciones públicas y privadas han creado un conjunto de nuevas instituciones que han facilitado la gobernación de la ciudad a través de acuerdos en el campo económico, político y social. Además, se ha fortalecido la confianza y cooperación entre las empresas e instituciones, lo que ha favorecido el desarrollo de las redes locales, y ha contribuido al aumento de la competitividad de las empresas. En estos casos, la mejora del entorno institucional ha contribuido a reducir los costes de producción y negociación en la economía local, lo que impulsa el proceso de desarrollo económico y social.

Por último, la "Sociedad de la información" ha abierto nuevas líneas de acción a las ciudades y regiones como lo muestra el caso de la provincia del Trentino, en Italia, cuya Junta Provincial aprobó en abril de 2002 el Programa de Desarrollo Provincial. Su objetivo es promover la participación de todos los componentes del tejido socioeconómico en la sociedad de la información, estimulando la difusión del comercio electrónico y de otras formas de interacción telemática entre las empresas, lo que impulsará la renovación y desarrollo del sistema productivo y, por otro lado, fomentando el desarrollo de la interacción telemática entre las administraciones públicas, las empresas y los ciudadanos, lo que mejorará la eficiencia institucional.

El Programa de Desarrollo se instrumenta a través de ocho proyectos: desarrollo de sistemas informáticos para las pequeñas y medianas empresas; desarrollo de infraestructuras de banda ancha; desarrollo de portales telemáticos en el ámbito sectorial y territorial; ampliación de la oferta de formación en tecnologías de la información y las comunicaciones; difusión de las tecnologías de red en las administraciones públicas introduciendo la gestión electrónica; promoción de la interacción telemática entre la administración y las empresas; promoción de la interacción telemática entre la administración y los ciudadanos; introducción de la integración telemática entre las diversas estructuras publicas.

La evolución del Trentino hacia la Sociedad de la Información, que se trata de impulsar con todas estas acciones, se propone aumentar la productividad del sistema productivo y de las empresas locales y, por lo tanto, el desarrollo socioeconómico de la provincia, transformando su estructura y tejido productivo mediante la introducción de innovaciones y el desarrollo de nuevos servicios y la mejora de la calidad de los existentes, y, en definitiva, adoptar las *best practices* en la política de desarrollo.

1.5 Las organizaciones internacionales y el desarrollo local

La definición, el diseño y la promoción de las iniciativas y estrategias de desarrollo local han recibido un fuerte apoyo de organizaciones internacionales como la OCDE, la Comisión de la Unión Europea, el Programa de Naciones Unidas para el Desarrollo (PNUD), la Organización Internacional del Trabajo (OIT) y el Banco Mundial. Aunque sus propuestas hayan sido tildadas, a veces, de ambiguas, han ejercido un influjo importante en el cambio de las políticas de empleo, de las políticas industriales, de las políticas tecnológicas y, en definitiva, de las políticas de desarrollo.

En los años ochenta cuando Europa estaba sumida en un fuerte proceso de ajuste y reestructuración productiva, se pusieron en marcha las primeras iniciativas de desarrollo local y la OCDE animó, a partir de julio de 1982, un programa de cooperación y acción dirigido a las iniciativas locales de empleo que pretendía el intercambio de experiencias y de información sobre el desarrollo de las empresas, el empleo local y el suministro de asistencia técnica a los países miembros cuando ejecutan programas de reestructuración y ajuste productivo. El Programa para el Desarrollo Económico y del Empleo (LEED) ha ampliado y reforzado esta línea de trabajo desde la mitad de los años noventa, bajo el impulso del Servicio de Desarrollo Territorial, ofreciendo servicios que estimulen el fortalecimiento de la capacidad empresarial y la creación de empleo en los países miembros.

La promoción de las iniciativas locales de empleo en la Unión Europea es, sin duda, más pragmática y más eficaz que la de la OCDE. Tiene un planteamiento orientado a la acción a través de la financiación de proyectos específicos de desarrollo económico local, y a ese fin pone parte de los recursos de los fondos estructurales, el Fondo Europeo de Desarrollo Regional y el Fondo

Social Europeo. Así, en las últimas décadas, la Comisión Europea ha apoyado la financiación de iniciativas como los Centros de Empresas e Innovación y ha adoptado medidas que favorecen el intercambio de los productos entre las pequeñas y medianas empresas.

A partir de principios de los años noventa se inicia un cambio importante en el compromiso de los organismos internacionales con presencia activa en los países en desarrollo, adoptando estrategias y formas de gestión más cercanas a los nuevos enfoques del desarrollo económico. Las instituciones internacionales que se ocupan de América Latina han mostrado un interés creciente por las cuestiones del desarrollo local, sobre todo debido a que la descentralización y la modernización de los gobiernos locales han creado las condiciones para implantar un enfoque de desarrollo desde abajo como una estrategia viable para el crecimiento de ciudades y regiones. Así, la Comisión Económica para América Latina y el Caribe (CEPAL) ha mostrado interés por conocer la relevancia y significación de las iniciativas locales en América Latina. Con el apoyo de la Sociedad Alemana para la Cooperación Internacional (GTZ) ha patrocinado un proyecto de investigación sobre Desarrollo Económico Local y Descentralización en América Latina, del que se ha ocupado la División de Desarrollo Económico (Aghón *et al.*, 2001). La conclusión más importante es que durante la década de los noventa en todos los países latinoamericanos han proliferado iniciativas locales muy adaptadas a las condiciones económicas, políticas e institucionales de cada país y con el soporte financiero del Banco Interamericano de Desarrollo, de diferentes programas de Naciones Unidas y de la Organización Internacional del Trabajo y de organizaciones no gubernamentales.

Es a partir de 1991 cuando la nueva política de desarrollo se convierte en una línea de acción de importancia creciente en las organizaciones internacionales, ya que varias agencias de Naciones Unidas, frecuentemente a través de programas conjuntos, como por ejemplo la OIT y el Programa de Naciones Unidas para el Desarrollo (PNUD), se proponen la promoción y creación de Agencias de Desarrollo Económico Local (ADEL) en los países en desarrollo y en las economías en transición, con el fin de promover la actividad económica y favorecer la mejora del nivel de vida de las poblaciones con problemas económicos y sociales (Canzanelli, 2003).

En la actualidad hay 42 agencias ADEL operando en América Central, los Balcanes y África, que funcionan con un alto grado de autonomía. Se trata de organizaciones sin ánimo de lucro, de capital mixto público y privado, cuyo objetivo es crear y desarrollar el entorno y contexto en los que se mueven las empresas, facilitando los servicios de apoyo al desarrollo económico del territorio y a la inclusión social. Así, las ADEL estimulan y propician la formación y desarrollo de las redes de actores locales, que permitan la identificación de un sendero de desarrollo propio que estimule el surgimiento de innovaciones económicas, productivas, sociales e institucionales.

La adopción por parte de las organizaciones multilaterales de las nuevas políticas de desarrollo ha servido para potenciar nuevas formas de ayuda a los países en desarrollo. Los mecanismos tradicionales de la ayuda al desarrollo llevan consigo filtraciones hacia los países donantes, que condicionan la ayuda a la ejecución de las actuaciones por parte de las organizaciones y las empresas elegidas por ellos; pero también, hacia los países receptores que las utilizan para objetivos estratégicos del país (como mejorar la balanza de pagos) o para intereses de privados, como argumenta ampliamente Easterly (2003). En los últimos años se han ido definiendo nuevas formas de ayuda, como es la cooperación descentralizada, que esencialmente consiste en que el donante, que puede ser una ciudad, una provincia o una institución del país desarrollado, contribuye directamente a la ejecución de un proyecto que se realiza en un territorio concreto de un país menos desarrollado a través de una agencia internacional como puede ser el PNUD o la OIT. De esta forma, la ayuda es mucho más operativa, ya que se ejecuta a través de un plan de desarrollo para un territorio y, además, evita las perversiones (es decir, el no-cumplimiento de los objetivos) que los mecanismos tradicionales de la ayuda de los países desarrollados a los países pobres han permitido o favorecido con más frecuencia de la aceptable.

El Programa de Desarrollo Humano Local que se está realizando en Cuba desde finales de 1998, promovido por el PNUD y la OIT, es un ejemplo de las nuevas formas de cooperación internacional que ha promovido la introducción y difusión de relevantes innovaciones, sobre todo en el campo de las prácticas de cooperación y la dinamización de los procesos de desarrollo (Panico *et al.*, 2002). Ha propiciado importantes cambios en la cooperación a través de la articulación de los recursos provenientes de diversas agencias internacionales, de los gobiernos y de otras instituciones públicas y privadas, así como de la potenciación de la cooperación descentralizada, con lo que se ha reducido la dispersión de la cooperación y ha aumentado el impacto de la misma. Además, ha propiciado innovaciones y transformaciones en los procesos de desarrollo local con la formación de los Grupos Provinciales y Municipales de Trabajo para el diseño y ejecución de las iniciativas locales, y la puesta en marcha del Fondo Rotativo para Iniciativas de

Desarrollo Económico Local, instrumento para la financiación de pequeñas y medianas empresas locales. En este cuadro general, la Habana Vieja se ha convertido en un ejemplo de buenas prácticas de la política de desarrollo a través de la financiación multilateral, gracias al impulso de la Oficina del Historiador, que funciona como una agencia de desarrollo.

El acuerdo entre la región de Provenza, Alpes y Costa Azul, de Francia, y la Región de Tánger y Tetuán, de Marruecos, firmado en mayo de 2000, es, por otro lado, un ejemplo de cooperación descentralizada de carácter bilateral. Mediante el acuerdo se pretende llevar a cabo iniciativas de desarrollo local que permitan impulsar el progreso económico y social de la región norte de Marruecos. Entre los proyectos que ya se han iniciado cabe mencionar los orientados al desarrollo económico (que incluye la creación de un centro de servicios para las empresas de Tánger, una casa de turismo para el artesanado de la región, o un máster en gestión de calidad); aquellos otros que tratan de fomentar la investigación (la realización de proyectos conjuntos sobre el cambio climático, la cuantificación de la erosión al sur de Tánger o el desarrollo rural), la formación superior (con becas posdoctorales para jóvenes marroquíes), la formación profesional y el medioambiente (proyecto sobre energías renovables, estudio para la creación de un parque natural en la región de Tánger-Tetuán); así como otros en las áreas del turismo (formación de profesionales especializados, rehabilitación del patrimonio histórico y natural) y de la cultura.

2. DESARROLLO ENDÓGENO

La conceptualización del desarrollo económico evoluciona y se transforma a medida que lo hace la sociedad, a medida que los países, regiones y ciudades tienen que dar solución a nuevos problemas, a medida que las innovaciones y el conocimiento se difunden por las organizaciones económicas y sociales. Así sucedió con el planteamiento de Adam Smith y los clásicos a partir del último tercio del siglo XVIII, en plena revolución industrial y en el momento en que se produce la formación y expansión de los mercados nacionales; así sucedió con Schumpeter a principios del siglo XX, cuando las invenciones y las innovaciones transformaron la economía manufacturera dando lugar a una profunda reestructuración de la actividad productiva, y la integración económica se consolidó con el aumento del comercio internacional, la intensificación de los flujos de capitales y la expansión de las empresas multinacionales.

En el último cuarto del siglo XX la cuestión emerge de nuevo, en una nueva fase del proceso de formación e integración de los mercados y la irrupción de las nuevas tecnologías de la información y de las comunicaciones. En el centro de la reflexión teórica está, como en el pasado, la cuestión del aumento de la productividad y los mecanismos que favorecen los procesos de crecimiento y cambio estructural de las economías, como le gustaba decir a Simon Kuznets. En las teorías actuales del desarrollo económico, la acumulación de capital y la innovación tienen un papel central en la explicación de los procesos de desarrollo.

Pero, la piedra angular de la explicación actual del desarrollo a largo plazo reside en las fuerzas que, interactuando, generan efectos multiplicadores de la inversión; es decir, aquellos mecanismos, ocultos en la "caja negra" del desarrollo, que transforman los impulsos de la inversión en crecimiento sostenido de la renta y el empleo, y dan lugar a economías en el sistema productivo y a rendimientos crecientes de los factores de producción.

2.1 Desarrollo, un concepto en evolución

Los nuevos hechos que caracterizan la esfera internacional a partir de los años ochenta, como son la caída del muro de Berlín, el reconocimiento de la mayor eficacia de la economía de mercado y la generalización de la integración económica, han generado un estado de opinión favorable al cambio de la noción de desarrollo económico y a proponer conceptualizaciones más operativas, que permitan comprender mejor la dinámica de la realidad económica para ser más eficaces en las políticas y las actuaciones.

Figura 2.1. La búsqueda del desarrollo económico

El fuerte proceso de integración económica que caracteriza el periodo que va desde 1870 a 1914 dio pie a dos interpretaciones del desarrollo: la de Schumpeter que en el otoño de 1911, cuando la anterior fase de globalización llegaba a su momento más álgido, publica en alemán su libro

Teoría de Desarrollo Económico, y propone que el empresario y la innovación son las fuerzas del desarrollo económico; y la de los economistas soviéticos de los años veinte que, en plena depresión, consideraban que el crecimiento es proporcional a la inversión en bienes de equipo, interpretación que, como dice Easterly (2003, p. 29) habría inspirado el pensamiento de los economistas desde los años cincuenta a los años noventa.

Después de la Segunda Guerra Mundial, a pesar de que estaba muy difundido entre políticos, economistas de organizaciones internacionales y profesores de universidad, el síndrome de que el "sistema soviético era superior al de los países de economía de mercado en su concepción del desarrollo industrial", se fue creando un cuerpo de doctrina diferenciado del desarrollo económico de la mano, entre otros, de Abramovitz (1952), Arrow (1962), Kuznets (1966), Lewis (1954) y Solow (1956). Esencialmente esta conceptualización del desarrollo se refiere a procesos de crecimiento y cambio estructural que persiguen satisfacer las necesidades y demandas de la población y mejorar su nivel de vida y, en concreto, se proponen el aumento del empleo y la disminución de la pobreza. El objetivo de los países consiste, por lo tanto, en conseguir mejorar el bienestar económico, social y cultural de poblaciones concretas, estimulando el aumento de la competitividad de la economía y de las empresas en los mercados internacionales.

Para lograrlo se precisa aumentar la productividad en todos los sectores productivos, es decir, aumentar la producción en las actividades agrarias, industriales y de servicios, utilizando la misma o menor cantidad de trabajo. Esta mejora en los rendimientos de los factores productivos es la que permite diversificar la producción y satisfacer las nuevas demandas de productos manufacturados y de servicios. Por ello, cuando se analiza la evolución de la estructura productiva de una economía se observa, generalmente, que las actividades industriales y de servicios van adquiriendo cada vez mayor importancia. Pero este fenómeno es tan sólo un síntoma de que el sistema productivo está cambiando, lo realmente relevante, desde el punto de vista del desarrollo, es el aumento de la productividad y la ampliación y diversificación continua de los bienes y servicios producidos.

El aumento de la productividad depende de cómo se combinan el trabajo y los demás factores productivos, en función de los bienes de equipo, la maquinaria y los métodos de producción que se utilizan en el proceso productivo, que son los mecanismos a través de los que se introduce el conocimiento y se aplica la energía. A este proceso los sociólogos le suelen denominar modo de desarrollo. Se trata, en última instancia, de la aplicación del conocimiento tecnológico que realizan los trabajadores para generar el producto final, utilizando las materias primas y los bienes de equipo existentes y disponibles.

En resumen, el aumento a largo plazo de la producción (per cápita) es posible gracias a la aplicación de innovaciones tecnológicas en el proceso productivo. Los cambios tecnológicos permiten la introducción de nuevas combinaciones de factores productivos, las cuales producen el aumento de la productividad del trabajo y esto, a su vez, genera el crecimiento de la renta.

El inicio de la nueva fase de integración económica, a partir de los años ochenta, plantea un nuevo escenario para el desarrollo, ya que se acepta la inoperancia de los modelos de crecimiento inspirados en el fundamentalismo del capital no sólo porque la descomposición de la Unión Soviética y la caída del muro de Berlín pusieron en evidencia la superioridad de la economía de mercado sobre la economía planificada, sino también porque las políticas que se ejecutaron en muchos de los países en desarrollo, apoyadas por los programas de ayuda internacional de los países desarrollados y de las organizaciones internacionales, fueron un gran fracaso (Boone, 1996; Hudson, 2004).

A partir de los años ochenta reverdece el pensamiento de Schumpeter y de todos aquellos que habían contribuido en los años de posguerra a crear lo que Krugman ha denominado la Gran Teoría del Desarrollo. Entre los diferentes enfoques que han ido surgiendo durante los últimos veinte años, ha tenido una gran importancia la revitalización del pensamiento de Solow de la mano de la nueva generación de pensadores encabezados por Romer y Lucas, que el propio Solow (1994) reconoce. Al mismo tiempo, desde los inicios de los años ochenta surge un enfoque, que podemos denominar desarrollo endógeno, que considera el desarrollo como un proceso territorial (y no funcional), que se apoya metodológicamente en el estudio de casos (y no en el análisis "cross-section") y que considera que las políticas de desarrollo son más eficaces cuando las realizan los actores locales (y no las administraciones centrales).

Giorgio Fuà (1994), intelectualmente ligado a Abramovitz, sostiene que la capacidad de desarrollo de una economía depende, sin duda, de las fuentes inmediatas del crecimiento como son la dimensión de la población activa, el número de horas trabajadas y la disponibilidad de bienes de equipo y de capital social. Pero, lo realmente decisivo para el desarrollo sostenible y duradero son los factores que Fuà denomina estructurales, como son la capacidad empresarial y organizativa, la cualificación e instrucción de la población, los recursos medioambientales y el funcionamiento de las instituciones. Como demuestran los casos de Argentina, Nigeria y Venezuela, no es suficiente con tener abundancia de recursos naturales y humanos, ya que si los recursos se agotan, la capacidad empresarial se debilita, la tecnología se vuelve obsoleta o el modelo político e institucional se deteriora, entonces no es posible alcanzar los niveles de desarrollo esperados y la economía puede, incluso, entrar en un proceso de crecimiento negativo y de destrucción del capital físico y de pérdida del capital humano. Los ejemplos de Zambia, Jamaica, Mauritania y Zimbabue muestran, por su parte, que los altos niveles de inversión (y la ayuda exterior consiguiente) no dieron los resultados esperados en términos de crecimiento a largo plazo, como sostiene Easterly (2003).

Philippe Aydalot (1985), un seguidor de Perroux y Schumpeter, añade que los procesos de desarrollo tienen tres rasgos fundamentales. Uno, de carácter instrumental, que se refiere al hecho de que los actores del desarrollo sean organizaciones productivas flexibles, como ocurre con las pequeñas y medianas empresas, capaces de superar las rigideces de las grandes organizaciones, léase de las grandes empresas con organizaciones jerárquicas (del tipo fordista), con lo que se conseguiría unos mejores resultados del sistema, sobre todo en tiempos de respuesta a los cambios del entorno y del mercado. El segundo, de carácter más estratégico, defiende la diversidad en las técnicas, en los productos, en los gustos, en la cultura y en las políticas, lo que facilita la apertura de múltiples caminos de desarrollo para los diversos territorios, según las potencialidades de cada uno ellos. El último rasgo, de carácter más operativo, plantea que los procesos de desarrollo son la consecuencia de introducir innovaciones y conocimiento a través de las inversiones de los actores económicos, un proceso de carácter territorial, ya que se produce como consecuencia de las redes que se forman en los entornos en los que las empresas están insertas; es decir, gracias a la interacción de los actores que integran lo que Aydalot denomina entorno innovador.

Este enfoque permite percibir que el desarrollo no es concentrado sino que está difuso en el territorio, como argumenta Giacomo Becattini (1979), un estudioso de Marshall. El empresario (tanto individual como colectivo) desempeña un papel singular en los procesos de desarrollo que lo convierten en el principal motor del crecimiento y cambio estructural, debido a su capacidad creadora y carácter innovador (Fuà, 1983). Pero, Fuà y Becattini añaden que las empresas no son entidades aisladas que intercambian productos y servicios en mercados abstractos, sino que están localizadas en territorios concretos y forman parte de sistemas productivos firmemente integrados en la sociedad local. Es decir, la sociedad se autoorganiza con el fin de producir bienes y servicios de forma más eficiente y dando lugar a los distritos industriales, sistemas de pequeñas y medianas empresas, que hacen aflorar las economías de red en el territorio, lo que contribuye al desarrollo de la economía.

John Friedman y Walter Stöhr amplían esta visión y abordan el desarrollo y la dinámica de los sistemas productivos desde una óptica territorial, dando una gran importancia a las iniciativas de los actores locales, a través de sus decisiones de inversión y de la participación en la formulación y ejecución de las políticas (Friedman y Weaber, 1979). Asimismo, señalan que el progreso económico de un territorio sólo es posible cuando las empresas y los demás actores del territorio interactúan entre sí, se organizan y realizan sus inversiones dirigidas a desarrollar la economía y la sociedad local. Siguiendo esta línea de razonamiento abogan por estrategias de "desarrollo desde abajo", que permitan movilizar y canalizar los recursos y las capacidades del territorio (Stöhr y Taylor, 1981). En este sentido, Arocena (1995) indica que el desarrollo endógeno es un proceso en el que se integran los aspectos económicos y sociales.

Boisier (2003) sintetiza algunos de los rasgos que caracterizan a la "endogeneidad", según la visión territorial del desarrollo. En primer lugar señala que la "endogeneidad" se entiende como la capacidad del territorio para ahorrar e invertir los beneficios generados por su actividad productiva en el propio territorio y promover el desarrollo diversificado de la economía; además, la "endogeneidad" se refiere a la capacidad del territorio para estimular e impulsar el progreso tecnológico del tejido productivo a partir del sistema territorial de innovación; por otro lado, la "endogeneidad" se entiende como la capacidad de las ciudades y regiones para adoptar su propia estrategia de desarrollo y llevar a cabo las acciones necesarias para alcanzar los objetivos que la sociedad se ha marcado, lo que está asociado a los procesos de descentralización. Por último, Boisier sostiene que todo ello sólo es posible cuando existe una cultura de identidad territorial que permite potenciar la competitividad de las empresas y de la economía local estimulando los activos intangibles (como son las marcas, los derechos de propiedad, la denominación de origen, la calidad organizativa).

2.2 El fundamentalismo del capital

La noción de desarrollo, como hemos visto, tiene profundas raíces en la teoría del crecimiento económico, que después de haber estado fuera del interés de la corriente principal de los economistas durante más de un siglo, con las excepciones de Marx y de Schumpeter, toma un nuevo impulso al acabar la Segunda Guerra Mundial. La revitalización de la teoría del crecimiento económico se produjo como consecuencia de la sensibilidad a los problemas del desempleo y de la inestabilidad económica en los países desarrollados después de la guerra y del interés en los países menos desarrollados por alcanzar los niveles de bienestar de los países avanzados a los que habían estado sometidos durante el periodo colonial que acababa de concluir (Fei y Ranis, 1997).

i) Acumulación de capital y crecimiento económico

El modelo de Harrod sirvió de punto de referencia para las políticas encaminadas a dinamizar los procesos de cambio estructural hasta bien entrados los años setenta. Harrod y sus seguidores argumentan que el ahorro y la inversión son las formas que toma el proceso de acumulación de capital. Se puede convenir que la parte de la renta generada en una economía que no se dedica al consumo constituye el ahorro del sistema productivo. La aplicación de este ahorro a la adquisición de maquinaria y bienes de equipo en actividades e industrias más rentables, incrementaría la productividad y, por lo tanto, la producción y la renta.

Según Harrod (1939, 1948), el crecimiento de la producción y de la renta exige un aumento en el stock de capital a través de las nuevas inversiones. Si se acepta una relación capital/producto fija ($k = k^*$), dada por el estado de la tecnología, se puede decir que el aumento de la inversión produciría el aumento del Producto Nacional Bruto.

Aceptando también que el ahorro es una proporción fija de la renta (Y) y que la nueva inversión está determinada por el nivel de ahorro, puede construirse un modelo sencillo de crecimiento en el que la tasa de crecimiento del producto interior (g) está directamente relacionada con la tasa de ahorro (s) e inversamente relacionada con la relación capital/producto; es decir tiene una relación directa con la productividad del capital.

$$g = s/k$$

Bajo la hipótesis suplementaria de que todos los beneficios (B) se ahorran y de que todos los salarios se gastan en bienes de consumo, es decir si $s = B/Y$, se seguiría que la tasa de beneficios sobre el capital sería igual a la tasa de crecimiento del capital y a la tasa de crecimiento de la producción.

Así pues, para que una economía crezca, debe de ahorrar e invertir una porción de su renta; cuanto más ahorre (e invierta) más rápidamente crecerá. Pero, la tasa actual a la que puede crecer para cada nivel de ahorro, depende de lo productivas que sean sus inversiones. Por otro lado, la tasa de crecimiento de la producción (y de la renta) y, por lo tanto del empleo, está limitada por la tasa de crecimiento del capital (es decir, por la tasa de beneficios). Así pues, el estímulo a la inversión y al aumento de la renta y del empleo vendría determinado por la rentabilidad financiera del capital inmovilizado.

Ahora bien, como dice Harrod, la senda de crecimiento determinada por el crecimiento de la producción no implica que se produzca pleno empleo de los factores productivos. A largo plazo, la expansión de la producción tiene un límite máximo dado por la tasa de crecimiento permitida por el incremento de la población (tamaño de la fuerza de trabajo), la acumulación de capital, las mejoras tecnológicas (el estado del conocimiento técnico), la dotación de recursos naturales, etc., que Harrod (1939, p. 30) denomina tasa natural del crecimiento y que, de forma simplificada puede expresarse como igual a la tasa de crecimiento del empleo (l) y al progreso técnico (t). Así pues, el crecimiento equilibrado de pleno empleo tan sólo podría darse cuando la tasa de crecimiento es igual al crecimiento del empleo y al progreso tecnológico, pero dado que Harrod supone que s, k, l, t, evolucionan independientemente, la igualdad tan sólo se produciría accidentalmente.

Esta conclusión implica que no se garantiza ni la estabilidad del crecimiento económico, ya que las empresas pueden invertir más o menos del nivel de ahorro de la economía, ni el pleno empleo, ya que el crecimiento de la economía puede situarse por debajo del crecimiento natural (lo que genera paro) o tender a crecer por encima (inflación). Sin embargo, como señalan Lasuén y Aranzadi (2002), esta conclusión abría el camino a la intervención del estado a través de la política económica, utilizando la inversión pública y la política monetaria de tipos de interés para neutralizar los efectos del ciclo económico en las economías desarrolladas. En el caso de los países en desarrollo el gobierno intervendría, sobre todo, para aumentar el ahorro cuando es insuficiente para alcanzar el crecimiento necesario de la productividad que permita el aumento de la renta y el empleo.

ii) El éxito del modelo de Harrod-Domar

El modelo de Harrod tuvo un éxito notable dado que inspiró las políticas de reestructuración de las economías europeas de la posguerra y, sobre todo, porque las comisiones de planificación que surgieron entonces en gran parte de los países en desarrollo, se apoyaron en sus conclusiones para lanzar las políticas de promoción del crecimiento que les permitieran reducir las diferencias que les separaban de los países desarrollados.

La propuesta de Harrod aparece frecuentemente en la literatura económica (Ray, 2002) como el modelo de Harrod-Domar, como consecuencia de su afinidad con el artículo publicado por Domar (1946) sobre crecimiento económico, donde proponía que la capacidad productiva era proporcional al stock de maquinaria. Según Solow (1994), la aportación de Domar tiene la ventaja de centrarse en los requisitos que son necesarios para alcanzar el equilibrio de la oferta y la demanda en el estado estacionario.

La utilización del modelo de Harrod-Domar y su éxito se deben a su poder de predicción, a su sencillez operativa y a su adaptabilidad que permite ampliarlo teóricamente dando entrada, por ejemplo, a las relaciones de la economía local con el exterior (Fei y Ranis, 1997). Su poder de predicción permite proponer que, dado que el crecimiento del PIB es proporcional a la inversión en bienes de equipo, cuanto más ahorre una economía (cuanto más elevada sea s) y/o mayor sea la productividad del capital (menor sea k) más rápido será el crecimiento económico, lo que hará aumentar el bienestar de la población y el consumo si el crecimiento de la población está controlado. Además, dado que los valores de estos parámetros se pueden cuantificar con facilidad, es posible identificar la cantidad necesaria de ahorro e inversión para conseguir la tasa de crecimiento deseada. Por ejemplo, si un país quiere crecer a una tasa anual del 7%, necesitaría que la tasa de la inversión y la tasa de ahorro alcanzaran el 21% del PIB, si se supone que la relación capital-producto es de 3. Pero si el ahorro sólo llegara al 15% de la producción se produciría lo que en la literatura económica se reconoce como "déficit financiero", que sólo puede cubrirse con ayuda externa o inversiones privadas provenientes de organizaciones internacionales o de otros países.

iii) Las debilidades del fundamentalismo del capital

La nueva teoría del desarrollo comparte con la interpretación de Harrod-Domar que la acumulación de capital es una de las piezas clave en los procesos de desarrollo, pero tiene profundas diferencias con aquellas corrientes de opinión presentes en organismos internacionales, universidades y oficinas de consultoría que conforman lo que coloquialmente se denomina fundamentalismo del capital. Estas corrientes de opinión que mantienen que "la inversión en edificaciones y maquinas es el determinante fundamental del crecimiento económico", han impuesto durante cuatro décadas este criterio en las políticas de desarrollo y de ayuda a los países en desarrollo de África, Asia y América Latina con resultados, a todos luces, insatisfactorios.

Ante todo, como reconoce el pensamiento económico desde la época de Adam Smith, y que de forma singular recogen las aportaciones de Solow, la ley de rendimientos decrecientes que afecta a todos los factores productivos, hace que la propuesta del fundamentalismo del capital sea inviable, ya que los rendimientos decrecientes impiden que una economía pueda crecer a largo plazo como consecuencia del aumento de la proporción de uno de los factores, en este caso del capital. Por ello se puede concluir que la inversión en bienes de equipo es necesaria pero no suficiente para el desarrollo, como por otro lado muestra la experiencia de los países en desarrollo y de la ex Unión Soviética.

Por su lado, la teoría del desarrollo endógeno tiene una posición diferente a la del enfoque del déficit financiero, ya que concede un papel estratégico al ahorro local y a la utilización de los recursos que forman el potencial de desarrollo económico existente en el territorio, por lo que el recurso al ahorro externo tendría un papel secundario en los procesos de desarrollo endógeno. Desde la óptica del desarrollo endógeno se entiende que los procesos de desarrollo han de estar anclados en el territorio, por lo que la capacidad emprendedora local y la inversión, utilizando el ahorro y los recursos locales, son factores decisivos en los proyectos de desarrollo, ya que sin ellos el crecimiento a largo plazo alcanza pronto sus límites. Este aspecto parece ser un factor crucial en las economías menos desarrolladas donde si las empresas locales escasean y, por lo tanto, el ahorro local no se convierte en proyectos de inversión, por mucha "agua que caiga del cielo" (en la forma de ayuda internacional y de inversiones extranjeras) "la tierra no fructifica" (el desarrollo no se produce).

Asimismo, el ahorro externo que se canaliza desde las demás economías a través de las diferentes formas de internacionalización, puede sufrir filtraciones que disminuyen su impacto a largo plazo sobre el crecimiento de las economías receptoras (Todaro, 2000; Easterly, 2003). En el caso de las entradas de capitales, en la forma de préstamos, compras de acciones y obligaciones, los recursos externos no siempre producen un crecimiento a largo plazo del volumen de inversión en el país receptor, principalmente, cuando los pagos de intereses y dividendos que hay que hacer son elevados. En el caso de las inversiones realizadas por las empresas multinacionales, aunque a corto plazo el flujo de la inversión signifique un aumento de la renta y del empleo, podría resultar menos estimulante que lo esperado, si las transferencias de beneficios al extranjero fueran importantes, si el ahorro nacional fuera la base principal de los proyectos de inversión, o si las prácticas oligopolísticas estuvieran muy desarrolladas en los mercados de productos y de factores.

Este tipo de filtraciones del excedente ha sido interpretado por las teorías estructuralistas de los años sesenta y setenta como la explicación de las bajas tasas de crecimiento y del subdesarrollo de las economías más pobres. Los defensores de la teoría de la dependencia (como Amin, Cardoso, Frank y Furtado), que como señala North (1990) explican los malos resultados de las economías latinoamericanas en los años sesenta y setenta, argumentaban que la característica fundamental de las economías periféricas es su estructura dependiente que las incapacita para crecer autónomamente. La Comisión Económica para América Latina (CEPAL) en su informe "Globalización y Desarrollo", de 2002, argumenta que las desigualdades en los niveles de desarrollo entre los países se deben fundamentalmente a factores internacionales entre los que destaca la "altísima concentración en los países desarrollados del progreso técnico".

2.3 El "descubrimiento" de la innovación

Solow da una respuesta contundente a la cuestión del crecimiento económico cuando sostiene que el aumento de la inversión en bienes de equipo no produce, por sí sólo, desarrollo económico. Es el progreso tecnológico lo que permite aumentar la productividad de la mano de obra, es decir economizar el factor escaso, el trabajo. Para ello, construye un modelo de crecimiento en respuesta, probablemente, a los planteamientos de Harrod, sobre todo en lo que concierne a la inestabilidad del proceso de desarrollo, y utilizando los instrumentos del análisis marginal, sienta las bases de los modelos de crecimiento equilibrado.

De esa forma, a mediados de los años cincuenta del siglo pasado Solow (1956) y Swan (1956) consiguieron presentar de una forma sencilla la cuestión del progreso económico, que analizaba el comportamiento de la renta como consecuencia de la utilización de la cantidad disponible de recursos humanos y de bienes de equipo. En la versión más simplificada se utiliza una función de producción agregada, que considera sólo dos factores de producción (K_t, capital; L_t, trabajo). Si se supone que la función de producción es del tipo Cobb-Douglas, donde $0 < a < 1$, la expresión sería

$$Y_t = AK_t^a L_t^{1-a}$$

en donde a es la participación del capital en el producto interior bruto, $(1 - a)$ la participación del trabajo, y A es el nivel de la tecnología, que recoge el avance tecnológico y todos los elementos de entorno e institucionales que favorecen su generación.

Bajo el supuesto de que no se produce avance tecnológico, el crecimiento del producto sólo es posible gracias al aumento de la dotación de los factores. Dado que la cantidad de trabajo por empleado es fija, la función de producción por trabajador presenta rendimientos decrecientes en el factor acumulable, K_t. Es decir, a medida que aumenta la tasa de capital por trabajador, el producto per capita crece a un ritmo, cada vez menor (Sala-i-Martin, 2000).

Este supuesto de rendimientos decrecientes del capital, conlleva que a largo plazo la tasa de crecimiento de la productividad tienda a cero, ya que la inversión se dirigirá a actividades cada vez menos productivas y que, por lo tanto, tienen rendimientos cada vez menores, lo que desanima al inversor. Es decir, el modelo neoclásico nos dice que las economías tienden inexorablemente a situarse en un estado, denominado estacionario, en el que sólo se cubren la reproducción del capital instalado y la reposición de la mano de obra, en el que todas las variables crecen a una tasa cercana a cero, y en el que, por lo tanto, se detiene el crecimiento económico.

La única forma de hacer compatible este resultado con la evidencia empírica del crecimiento de las economías más avanzadas durante los años cincuenta y sesenta es aceptar que el sistema productivo cambia (la función de producción se desplaza a lo largo del tiempo, según los economistas) como consecuencia del avance tecnológico. Por ello, en los modelos neoclásicos de crecimiento, A crece de forma exógena, lo que genera un aumento de la productividad de carácter exógeno.

Durante la transición de la economía al estado estacionario, el crecimiento de la producción y de la renta estaba asociado con las inversiones en maquinaria y bienes de equipo y, en su visión, con el ahorro; pero, una vez alcanzado ese estado, el crecimiento económico continuaría cuando el conocimiento tecnológico se amplia en el tiempo. Existiría, sin duda, una relación sinérgica entre cambio tecnológico e inversión, hasta el punto que esta última actuaría como transmisora del crecimiento, en particular cuando los bienes de equipo incorporan conocimiento y nuevas ideas.

Esta interpretación tiene dos debilidades fundamentales. Una de carácter técnico, ya que el modelo de Solow-Swan no explica cómo se producen las innovaciones, cuál es su origen, y cómo se introducen en el sistema productivo, sino que acepta que el progreso tecnológico es externo y está a la disposición de todas las empresas que forman el sistema productivo; esta es una limitación importante, ya que las innovaciones son el elemento explicativo principal de la argumentación. Esta debilidad puede superarse endogeneizando el progreso técnico como hizo Arrow (1962) al considerar los efectos del aprendizaje, del *learning by doing*, como fuente de cambio tecnológico. La otra es más ideológica y afecta al propio planteamiento de la interpretación neoclásica, ya que la hipótesis de la existencia de rendimientos decrecientes les lleva a predecir que los países pobres crecen a una tasa superior a la de los países ricos, lo que conduciría a la convergencia en los niveles de renta de los países, lo que, como hemos visto anteriormente, la evidencia empírica ha mostrado que no puede generalizarse a todo tipo de economías, ya que la aparición de rendimientos crecientes neutraliza las tendencias al estado estacionario.

Los modelos de crecimiento endógeno, que han aparecido a partir del trabajo de Romer (1986), son una variante del modelo de Solow y suponen un paso adelante en el afán de acomodar la formalización a la realidad, ya que mantienen la tesis de que la existencia de rendimientos decrecientes es, en realidad, tan sólo una de las alternativas posibles en los procesos de crecimiento. Esta visión del crecimiento considera, además, que la incorporación del conocimiento tecnológico en el sistema productivo se produce como consecuencia de las decisiones de inversión de las empresas y, por lo tanto, está condicionada por los beneficios esperados por las empresas, con lo que se resuelve la limitación de aceptar que la tecnología es externa al proceso de crecimiento.

Romer (1986), así, basándose en el modelo de Arrow, argumenta que el crecimiento se produce como consecuencia del aumento del stock agregado de capital y de conocimiento que la inversión de las empresas genera al crear economías de escala, externas a las empresas. Lucas (1988) presenta otra variante del modelo de Solow, señalando que el aumento de la productividad se produce, además, como consecuencia del aumento del stock de capital humano que genera externalidades en el sistema productivo, a lo que no es ajeno el conocimiento producido en la propia empresa. Grossman y Helpman (1994), siguiendo a Schumpeter y a Solow, sostienen, por su parte, que el progreso tecnológico es la fuerza que está detrás de la mejora del nivel de vida de las personas y consideran que las innovaciones industriales son el motor del crecimiento, mientras que la búsqueda de los beneficios que proporciona el monopolio sería lo que explica la introducción de innovaciones. La inversión en I + D estimula la introducción de bienes de equipo y produce la difusión del conocimiento sobre el stock de conocimiento del sistema productivo, lo que reduce los costes y aumenta la productividad.

El crecimiento económico puede mantenerse a lo largo del tiempo siempre que las inversiones en bienes de equipo, en capital humano y en investigación y desarrollo generen rendimientos crecientes a través de la difusión de las innovaciones y el conocimiento por todo el sistema productivo. La mejora de la calidad de los recursos humanos, mediante el aprendizaje y la formación, la introducción de bienes de equipo que incorporan nueva tecnología, y la acumulación de conocimiento procedente de las inversiones en I + D, producen un efecto innovador que se propaga por todo el entorno (*spillover effect*), ya que el conocimiento se transfiere de unas empresas a otras a través de la red de relaciones formales e informales que existen entre ellas, de la interacción con los clientes y los proveedores, y a través del mercado de trabajo. Todas las empresas, incluso las que compiten con las empresas innovadoras, se benefician de este fenómeno de difusión del conocimiento, sin que ello aumente sus costes de producción. Así pues, el conjunto de la economía se beneficia de los rendimientos crecientes que generan las decisiones individuales de inversión de las empresas.

La idea de lograr la obtención de rendimientos crecientes en la economía, a través de la difusión de las innovaciones y el conocimiento, la introdujo Alfred Marshall a finales del siglo XIX, al definir las economías externas de escala que se producen como consecuencia de las interacciones entre las empresas que forman los sistemas productivos. Lo innovador en la aplicación actual consiste en que con esta conceptualización se pueden mantener los instrumentos analíticos ya clásicos de la economía, como son las curvas de oferta y demanda, para explicar que se producen rendimientos crecientes de las inversiones.

Los modelos de crecimiento endógeno tienen diferencias importantes con el modelo de crecimiento neoclásico, tal como se utilizó a partir de los años cincuenta. Ante todo, sostienen que no existe una única senda de desarrollo que necesariamente han de recorrer todas las economías, como señalaba Rostow (1960), sino que existen diversos senderos de crecimiento que pueden seguir las economías, ya que sus tasas de crecimiento pueden ser decrecientes, crecientes o constantes. Además, la transición al estado estacionario no es un proceso irreversible para todas las economías, ya que depende de la capacidad emprendedora e innovadora del sistema productivo y de los cambios institucionales. Por último, la tasa de crecimiento y el nivel de renta de la economía no estarían relacionados inversamente, por lo que los modelos de crecimiento endógeno no predicen la convergencia entre diversas economías, como muestran las investigaciones del último cuarto del siglo XX.

Lo que aleja a los modelos de crecimiento endógeno de los modelos tradicionales de crecimiento, les acerca a las teorías del desarrollo endógeno. No se trata sólo de que las teorías del crecimiento y del desarrollo endógeno compartan la visión, quizás optimista, de que los sistemas productivos reúnen un conjunto de factores materiales e inmateriales que permiten a las economías locales y regionales emprender vías diferenciadas de crecimiento y que, por lo tanto, existe un espacio para las políticas regionales e industriales, están de acuerdo, también, en que el crecimiento se produce gracias a las mejoras de productividad que genera la introducción progresiva de innovaciones, de carácter endógeno, en el proceso productivo.

La teoría del desarrollo endógeno, de forma complementaria y no necesariamente opuesta a la nueva teoría del crecimiento, ha intentado analizar, mediante el estudio de casos de desarrollo territorial los mecanismos de la acumulación de capital y las fuerzas que están detrás de lo que Nelson (1999) llama "las fuentes inmediatas del crecimiento". El crecimiento económico es un proceso caracterizado por la incertidumbre y el azar, y condicionado por el cambio de las condiciones de mercado y por las decisiones de inversión de los actores, por lo que debería entenderse como un proceso evolutivo. Las empresas toman sus decisiones de inversión teniendo en cuenta sus capacidades y las oportunidades que le brinda el territorio en el que están localizadas, por lo que el análisis del crecimiento se enriquece ampliándolo desde la perspectiva territorial.

Además, el crecimiento económico a largo plazo no depende sólo de la dotación de recursos que tiene un territorio y de la capacidad de ahorro e inversión de la economía, sino del funcionamiento de los mecanismos a través de los que se produce la acumulación de capital (la organización de los sistemas de producción, la difusión de las innovaciones, el desarrollo urbano del territorio y el cambio de las instituciones), y de la interacción que se produce entre estas fuerzas. Por ello, para interpretar y explicar el crecimiento económico, es necesario especificar que el comportamiento de la productividad depende también del resultado de las fuerzas y de los fenómenos que no recoge de forma explícita la función de producción; es decir, la ley de rendimientos decrecientes habría que ampliarla con la de los rendimientos crecientes debidos a la interacción de las fuerzas del desarrollo.

Por último, el análisis de casos de desarrollo territorial muestra que las decisiones que toman los actores públicos y privados, que forman el entramado de intereses e instituciones en el ámbito local, tienen efectos importantes sobre las fuerzas del desarrollo. Por ello, este enfoque prioriza las acciones de "abajo-arriba" en los procesos de desarrollo frente al enfoque de "arriba-abajo" que caracteriza las políticas tradicionales.

2.4 Los mecanismos del desarrollo endógeno

La teoría del desarrollo endógeno plantea, por lo tanto, una interpretación útil en este sentido, ya que va más allá de la argumentación en términos de la utilización eficiente de los recursos y del potencial de desarrollo, y analiza los mecanismos que están detrás de la función de producción, en la "caja negra" del desarrollo económico, y que tienen que ver con la organización de la producción, la difusión de las innovaciones, la dinámica urbana y el desarrollo de las instituciones (Vázquez Barquero, 2002).

¿Cómo funcionan las fuerzas que facilitan el crecimiento sostenido de la productividad y el desarrollo económico? ¿Cuáles son los mecanismos a través de los que se neutralizan las tendencias al estado estacionario? ¿Cómo se pueden activar las fuerzas determinantes del proceso de acumulación de capital, incorporar las economías ocultas que existen en los sistemas productivos y urbanos, reducir los costes de transacción ocasionados por el funcio-

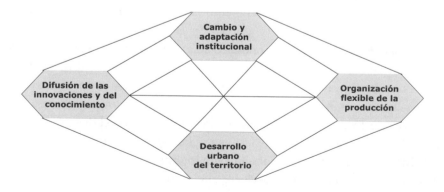

Figura 2.2. Las fuerzas del desarrollo

namiento del sistema institucional y, en definitiva, aumentar los rendimientos en la utilización de los factores productivos?

La organización de los sistemas productivos es una de las fuerzas centrales del proceso de acumulación de capital, como puso de manifiesto Marshall a finales del siglo XIX. La cuestión no reside en si el sistema productivo de una localidad o territorio está formado por empresas grandes o por empresas pequeñas, sino en el modelo de organización de la producción y sus efectos sobre el comportamiento de la productividad y de la competencia de las empresas.

Así pues, los distritos y sistemas productivos locales son un modelo de organización de la producción basado en la división del trabajo entre las empresas y la creación de un sistema de intercambios locales que produce el aumento de la productividad y el crecimiento de la economía. Además, se trata de un modelo de organización que permite generar rendimientos crecientes cuando la interacción entre las empresas propicia la utilización de economías ocultas en los sistemas productivos, a fin de cuentas uno de los potenciales de desarrollo de las economías.

Pero, además, la adopción de formas más flexibles de organización de las grandes empresas y grupos de empresas las hacen más eficientes y competitivas, mediante el despliegue de nuevas estrategias territoriales, articulado a través de redes de plantas subsidiarias más autónomas y más integradas en el territorio. La mayor capilaridad de la organización de las grandes empresas les permiten utilizar mejor y más eficientemente los atributos territoriales y obtener, así, ventajas competitivas en los mercados.

La formación y desarrollo de redes y sistemas flexibles de empresas, la interacción de las empresas con los actores locales y las alianzas estratégicas permiten a los sistemas productivos generar economías (externas e internas, según los casos) de escala en la producción, pero también en la investigación y desarrollo de los productos y mercados (cuando las alianzas afectan a la innovación) y reducir los costes de transacción entre las empresas.

A su vez, la adopción y difusión de las innovaciones y el conocimiento es otro de los mecanismos que estimulan el aumento de la productividad y el desarrollo económico, ya que impulsa la transformación y renovación del sistema productivo, como indicaba Schumpeter a principios del siglo XX.

La adopción de innovaciones permite a las empresas ampliar la gama de productos, y crear unidades de mayor tamaño y construir plantas de menor dimensión, económicamente más eficientes, con lo que se refuerzan las economías internas de escala. Además, las innovaciones hacen que las empresas puedan definir y ejecutar estrategias dirigidas a ampliar y explorar nuevos mercados de productos y de factores. La adaptación de tecnologías favorece la diferenciación de la producción y crea economías de diversidad. La introducción y difusión, en suma, de las innovaciones y el conocimiento conducen a mejorar el "stock" de conocimientos tecnológicos del sistema productivo, lo que crea economías externas, de las que se benefician todas las empresas.

En definitiva, la difusión de las innovaciones por el tejido productivo permite obtener economías de escala, internas y externas, así como economías de diversidad a todas las empresas del sistema productivo y, por lo tanto, estimula el crecimiento sostenido de la productividad y mejora la competitividad de las empresas y de las economías locales.

En un escenario como el actual, caracterizado por la globalización de la producción y de los intercambios y el aumento de las actividades de servicios, las ciudades se han convertido en el espacio preferente del desarrollo, ya que en ellas se toman las decisiones de inversión y se realiza la localización de las empresas industriales y de servicios, como sostiene Lasuén (1976).

La ciudad es el espacio por excelencia del desarrollo endógeno: genera externalidades que permiten la aparición de rendimientos crecientes, tiene un sistema productivo diversificado que potencia la dinámica económica, es un espacio de redes en el que las relaciones entre actores permiten la difusión del conocimiento y estimula los procesos de innovación y de aprendizaje de las empresas. Las ciudades son el territorio para la creación y desarrollo de nuevos espacios industriales y de servicios, debido a la capacidad de generar externalidades y hacer aflorar economías que hacen a las empresas más competitivas y permiten desarrollarse a las economías.

Por último, los procesos de desarrollo no se producen en el vacío, sino que tienen profundas raíces institucionales y culturales como sostienen Lewis y North en la segunda mitad del siglo XX. El desarrollo de una economía lo promueven siempre los actores de una sociedad que tiene una cultura y que se organiza para realizar sus proyectos. La introducción de innovaciones y de nuevos productos, requiere cambios en las formas de cooperación y participación de los ciudadanos en las actividades económicas y, por lo tanto, el surgimiento de nuevas instituciones junto con la pérdida de importancia de las antiguas.

El desarrollo económico, por lo tanto, se puede acrecentar en aquellos territorios, que tienen un sistema institucional evolucionado, complejo y flexible. Su relevancia estratégica reside en que el desarrollo institucional permite reducir los costes de transacción y producción, aumenta la confianza entre los actores económicos, estimula la capacidad empresarial, propicia el fortalecimiento de las redes y la cooperación entre los actores y estimula los mecanismos de aprendizaje y de interacción. Es decir, las instituciones condicionan el comportamiento de la productividad y, por lo tanto, el proceso de desarrollo económico.

Como se verá más adelante, todas las fuerzas están relacionadas entre sí e interactúan las unas con las otras de tal manera que los impulsos generados por la inversión se transforman en rendimientos crecientes cuando existe sinergia entre estas fuerzas. Pero también el funcionamiento ineficiente de alguno de estos mecanismos puede ejercer un efecto perturbador en el impacto de la inversión sobre el aumento de la productividad y debilitar el proceso de crecimiento.

2.5 El cambio en la política de desarrollo

Al mismo tiempo que se identificaban los nuevos modelos de crecimiento, se ha ido produciendo un cambio significativo en las políticas de desarrollo. Progresivamente se ha ido abandonando el enfoque *top-down*, orientado, desde las administraciones centrales, a la redistribución espacial de la actividad económica, con objeto de reducir las diferencias regionales de los niveles de renta per capita; al mismo tiempo ha ido tomando fuerza la visión *bottom-up*, orientada al desarrollo económico de las ciudades y regiones.

La explosión de iniciativas locales durante los años ochenta y noventa presenta algunos interrogantes sobre su surgimiento, su contenido y los objetivos que se proponen alcanzar. Una primera reflexión sobre las experiencias estudiadas de desarrollo local mostraría que las comunidades locales han pasado por un fuerte proceso de aprendizaje sobre el fenómeno del ajuste y de la reestructuración productiva. Ante problemas como el desempleo, la caída de la producción y la pérdida de mercados, los gestores locales se plantearon la necesidad de mejorar la respuesta de los sistemas productivos locales a los desafíos que significan el aumento de la competencia en los mercados y los cambios de la demanda.

Aunque las respuestas locales son muy diferentes unas de otras, en todo caso, la cuestión clave es cómo conseguir que las economías locales estén más integradas en la economía internacional y cómo lograr que sus sistemas productivos sean más competitivos. La solución pasa por la reestructuración del sistema económico y por el ajuste del modelo institucional, cultural y social de cada territorio, de tal forma que las empresas puedan aprovechar las oportunidades que surgen como consecuencia de los cambios del entorno y del aumento de la competencia. Las experiencias de desarrollo local muestran que el camino a seguir pasa por la definición y ejecución de una estrategia de desarrollo empresarial, instrumentada a través de acciones que persigan estos objetivos económicos, pero también los de equidad y sostenibilidad.

Existe acuerdo generalizado sobre que el aumento de la productividad y de la competitividad son metas que deben orientar el proceso de cambio estructural de las economías locales. Pero, estos objetivos se pueden alcanzar a través de caminos diferentes, que se pueden simplificar en dos estrategias alternativas: la estrategia de cambio radical formada por el conjunto de acciones, cuyo objetivo prioritario es el aumento de la competitividad (eficiencia/eficacia) del sistema productivo local, cualquiera que sea el coste en términos de empleo y de impacto ambiental; y la estrategia de pequeños pasos, que combina acciones que persiguen los objetivos de eficiencia y equidad a corto y largo plazo.

La primera supone un salto tecnológico, la producción de nuevos bienes, localizaciones alternativas y, en todo caso, un cambio radical del centro de gravedad del sistema productivo de la ciudad o región, con impactos negativos, a corto y largo plazo, sobre el empleo, los sistemas de organización de la producción, el medioambiente y la cultura local.

La estrategia de pequeños pasos, a su vez, opta por utilizar el saber hacer y la cultura tecnológica existente en el territorio, da un paso adelante en el cambio estructural desarrollando nuevas actividades relacionadas con el tejido productivo existente, combina la introducción de innovaciones con el mantenimiento del empleo, y realiza las transformaciones de forma que sean asumidas, lideradas y adoptadas por la sociedad local.

Esta segunda opción combina de hecho los objetivos de eficiencia y equidad y es, además, una alternativa que da prioridad a la dimensión social del desarrollo. Ahora bien, existe el riesgo de que la economía local caiga en un modelo de economía asistida, dada la necesidad de apoyo público que tiene esta estrategia, con los consiguientes problemas para la continuidad del proceso de desarrollo económico, ya que el asistencialismo puede ahogar la capacidad emprendedora emergente en el territorio, como nos enseñan los casos del Mezzogiorno italiano durante los años sesenta y setenta y el de Asturias en los ochenta y noventa del siglo pasado.

Esta es, sin duda, una simplificación de la problemática a la que se enfrentan las comunidades locales cuando abordan los procesos de reestructuración y desarrollo económico, ya que el conflicto de intereses en la sociedad es más complejo. En realidad, el desarrollo es un proceso que pretende mejorar la eficiencia en la asignación de los recursos públicos y privados, fomentar la equidad en la distribución de la riqueza y el empleo, y satisfacer las necesidades presentes y futuras de la población con el uso adecuado de los recursos naturales y medioambientales, como se discutirá más adelante.

La primera estrategia, basada en cambios radicales, encuentra barreras competitivas difíciles de salvar a corto plazo y, normalmente, incurre en costes sociales y ambientales importantes que es necesario asumir y que, sin duda, tienen altos costes políticos en los países democráticos. Por estos y otros motivos, las mejores prácticas aconsejan seguir una estrategia de pequeños pasos que utilice el potencial de desarrollo, es decir, los recursos existentes en el territorio, promoviendo el proceso de acumulación de capital y conocimiento apoyándose en las fortalezas del sistema productivo local, tal como sucede en el Gran ABC de São Paulo y en los Cuchumatanes, así como en muchas ciudades y regiones europeas como Alcoy, Estepa y Vitoria, en España, o Bari, Poitiers, Dortmund, Sitia y los West Midlands de Inglaterra.

Las iniciativas locales que han ido surgiendo reúnen un conjunto de rasgos que permiten hablar de una nueva política de desarrollo. ¿Cuáles son las características propias de la política de desarrollo endógeno? ¿Cuáles son sus diferencias con las políticas de desarrollo regional de los años sesenta y setenta? Cuando se comparan la política de desarrollo tal como se está ejecutando en Europa y América Latina en la actualidad, con las políticas de desarrollo regional de los años sesenta y setenta, se aprecian diferencias sensibles en la conceptualización de la estrategia, en los objetivos que persiguen y en los mecanismos de funcionamiento y de gestión de la instrumentación de la política.

La política de desarrollo regional tradicional tenía una visión de oferta basada en el modelo de crecimiento concentrado, y se proponía favorecer la distribución espacial de la actividad productiva incentivando a las empresas a localizarse en las áreas objeto de la ayuda. La nueva política de desarrollo, sin embargo, tiene una visión de demanda y pretende satisfacer las necesidades de los ciudadanos y de las empresas mediante el fomento del desarrollo de los territorios con potencialidad de desarrollo competitivo.

El nuevo enfoque, por lo tanto, se basa en una teoría que entiende que el crecimiento económico no tiene por qué ser, necesariamente, polarizado y

Cuadro 2.1. Diferencias entre las políticas de desarrollo

	Política tradicional	Política de desarrollo endógeno
Estrategia dominante	Visión funcional Desarrollo polarizado	Visión territorial Desarrollo difuso
Objetivos	Crecimiento cuantitativo Grandes proyectos	Innovación y mejora del conocimiento Emprenditorialidad Numerosos proyectos
Mecanismos	Movilidad del capital y el trabajo Redistribución funcional de la renta	Movilización del potencial endógeno Utilización de los recursos locales para el desarrollo
Organización	Gestión centralizada Financiación a las empresas Administración pública de los recursos Jerarquía administrativa Coordinación administrativa	Gestión local del desarrollo Prestación de servicios a las empresas Administración a través de organizaciones intermedias Asociación entre los actores locales Coordinación estratégica de los actores

concentrado en las grandes ciudades. El desarrollo económico puede surgir de manera difusa si se utilizan, eficientemente, los recursos existentes en el territorio, incluyendo entre ellos los factores de atracción de inversiones externas.

La política de los años sesenta y setenta tenía un enfoque funcional y concebía que el desarrollo de los territorios se producía como consecuencia de la movilidad de los factores productivos, que favorecía la redistribución y garantizaba el equilibrio entre las regiones ricas y las regiones pobres. La nueva estrategia de desarrollo endógeno tiene un enfoque territorial del desarrollo y entiende que la historia productiva de cada localidad, las características tecnológicas e institucionales del contexto o entorno, y los recursos locales condicionan el proceso de crecimiento. Por ello, para desarrollar una localidad hay que recurrir, además de a los factores externos, a los factores endógenos de ese territorio y, en todo caso, el control del proceso de cambio correspondería a los actores locales que tienen capacidad de transformar el territorio con su participación en la toma de decisiones de inversión y localización.

El desafío de la nueva estrategia de desarrollo local es, en todo caso, conseguir establecer un proceso de desarrollo de territorios insertos en un entorno competitivo, en el que los niveles de competencia y turbulencia son elevados. Por ello, el objetivo no es tanto obtener resultados a corto plazo como identificar el sendero de crecimiento a largo plazo. Se trataría entonces de potenciar y fomentar la difusión de las innovaciones y del conocimiento en las empresas y la sociedad, favorecer el surgimiento y desarrollo de las empresas y aumentar la flexibilidad del sistema productivo, impulsar el desarrollo urbano del territorio y mejorar el entorno para producir y vivir en las ciudades, y convertir el entorno institucional en un sistema favorable para el surgimiento y desarrollo de las empresas, tal como se ha argumentado y ejemplificado en el capítulo anterior.

Para conseguir el desarrollo de un territorio no es condición necesaria realizar grandes proyectos industriales como ocurría con la política de desarrollo tradicional, cuando se entendía que existía una relación directa entre cantidad de la inversión y crecimiento económico. Se trata de impulsar proyectos de dimensiones adecuadas, que promuevan la transformación progresiva del sistema económico, introduciendo innovaciones por todo el tejido productivo y creando las condiciones institucionales y espaciales que favorecen el desarrollo sostenido.

Por último, existen diferencias importantes desde el punto de vista de la organización y de la gestión de la estrategia de desarrollo. La administración del estado llevaba a cabo, con una visión de oferta y de forma centralizada, la gestión de la política mediante el apoyo financiero directo a aquellas empresas y sectores que cumplían los requisitos establecidos en las leyes de incentivos. La nueva política de desarrollo tiene una gestión descentralizada que se hace operativa a través de organizaciones intermediarias, que prestan servicios reales, como son los institutos tecnológicos, los centros de negocios e innovación, los centros de formación o las agencias de desarrollo. La nueva política tiene una visión de demanda y pone el acento en dotar a los territorios y a los sistemas productivos con los servicios que las empresas necesitan para resolver los problemas de competitividad y no en facilitar fondos directamente a las empresas.

En resumen, la nueva política de desarrollo es una aproximación de abajo-arriba a la política de desarrollo en la que los actores locales desempeñan el papel central en la definición, ejecución y control. En sus formas más avanzadas, los actores locales se organizan formando redes que les sirven de instrumento para estimular el conocimiento y el aprendizaje sobre la dinámica del sistema productivo y de las instituciones, y para acordar iniciativas y ejecutar las acciones que integran la estrategia de desarrollo.

3. LA ORGANIZACIÓN FLEXIBLE DE LA PRODUCCIÓN

Una de las fuerzas centrales del desarrollo económico reside en cómo se organiza el sistema productivo, ya que las relaciones entre las empresas afectan, directamente, al comportamiento de la productividad y, por lo tanto, a los procesos de crecimiento y cambio estructural de las economías. Como se indicó en el capítulo anterior, las relaciones y la interacción entre empresas de un sistema productivo pueden contribuir a mejorar los resultados económicos de cada una de las empresas, si consiguen hacer aflorar las economías potenciales que existen en los sistemas productivos.

La cuestión reside, por lo tanto, en analizar los mecanismos a través de los que se relacionan las empresas y para ello puede servir la noción de red que da una imagen del tipo de organización que relaciona a los empresarios y a las empresas. Las investigaciones realizadas sobre la capacidad emprendedora y el funcionamiento de los sistemas productivos locales, de un lado, y sobre la organización de la producción y los mercados, de otro, han dado al concepto de red un valor analítico que transciende la pura imagen, ya que han podido identificar que las redes de empresas permiten explicar fenómenos como la dinámica de los sistemas productivos y, por lo tanto, el desarrollo de los territorios.

Las redes de empresas pueden tomar formas muy diversas, sean estas redes personales de los empresarios, agrupaciones o *clusters* de empresas, distritos industriales o alianzas estratégicas. Cuando las redes funcionan eficazmente, ejercen un efecto positivo sobre los procesos de desarrollo de la economía. La creación y el desarrollo de las redes de empresas, sean de grandes o pequeñas empresas, crean las condiciones para hacer eficiente la organización de la producción, hacer más rentables las inversiones y mejorar la productividad del sistema productivo.

3.1 Las redes de empresas

Ya entrado el siglo XXI, existe un reconocimiento generalizado, entre los técnicos y la población en general, en el sentido de que las redes constituyen uno de los factores estratégicos del desarrollo de los países y demás territorios, así como de las propias empresas (Castells, 2000; Shapiro y Varian, 1999; Saxenian 1994).

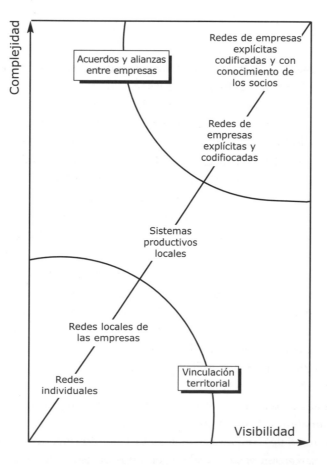

Figura 3.1. Redes para el desarrollo
Fuente: Adapado de Bramanti y Senn, 1993

La actividad productiva está basada en un sistema de relaciones formales e informales entre las empresas y los actores económicos sociales e institucionales. Pero, la relación entre individuos, empresas y organizaciones no es algo que sea nuevo, puesto que desde el momento en que el ser humano se organiza, crea la agricultura e inventa las ciudades, siempre la evolución y la transformación de la actividad económica, social e institucional se ha apoyado en una gran variedad de redes.

Las redes personales y las redes que forman las empresas con los agentes del entorno más próximo, son relaciones más bien informales, incluso casuales y, en ocasiones, comerciales. En unos casos se trata de relaciones con amigos, compañeros o antiguos empleados, mientras que en otros tienen que ver con las relaciones comerciales y financieras que facilitan el surgimiento y desarrollo de las pequeñas empresas en una localidad o territorio. Las redes personales de individuos proporcionan información y, eventualmente, los recursos necesarios para el surgimiento y puesta en marcha de una empresa, pero también facilitan los intercambios de bienes y conocimiento en los sistemas productivos.

Los sistemas productivos locales, por su parte, forman un tipo especial de red que se caracteriza por tener un fuerte enraizamiento en el territorio y por unas relaciones entre las empresas en las que se combina confianza y cooperación para competir. Desde los años cincuenta, en el Silicon Valley californiano se han desarrollado actividades del sector de alta tecnología sobre la base de una estructura productiva densa, en la que alrededor de un gran número de pequeñas y medianas empresas y un puñado de grandes compañías se articula un complejo sistema de relaciones comerciales, sociales, profesionales y de subcontratación en las que han tenido un protagonismo especial para el éxito del sistema las redes de cooperación informal y, en particular, los vínculos profesionales entre los ingenieros y científicos de las diferentes empresas (Saxenian, 1994).

Pero existen también múltiples ejemplos de actividades tradicionales como es el *cluster* del mueble de Treviso, considerado en el ámbito internacional como uno de los líderes mundiales en el sector del mueble doméstico y que se caracteriza por una fuerte especialización de sus empresas y por un alto grado de integración y coordinación entre ellas (Conejos *et al.*, 1997). El sistema productivo está formado por los ensambladores, los proveedores que fabrican y venden a los montadores productos elaborados (como puertas con cristales, molduras, sillas), y aquellos otros que fabrican productos semielaborados (como herrajes, cristales, tableros). Este entramado industrial se apoya en centros de servicios a las empresas, como un instituto tecnológico que realiza pruebas de control de calidad de los productos, y centros para la formación de personal especializado.

Así pues, las redes de empresas facilitan las transacciones comerciales, o sea el intercambio de bienes y servicios que permiten a los gestores relacionarse con proveedores y clientes; pero también relaciones técnicas basadas en el intercambio de información codificada sobre aplicaciones tecnológicas o innovaciones en productos, procesos, organización y mercados. Dado que estas últimas obedecen a culturas técnicas, los contactos y relaciones se apoyan en códigos y reglas específicas que gobiernan los lazos profesionales y personales.

Por último, en las últimas décadas han proliferado los acuerdos y las alianzas entre las empresas y sus organizaciones cuyo objetivo es fortalecer la capacidad competitiva de las empresas en un entorno cada vez más competitivo y globalizado. Shapiro y Varian (1999) aportan múltiples ejemplos de colaboración entre empresas en el ámbito de las tecnologías de la información. Un caso muy conocido es el de la asociación entre Microsoft e Intel, por el que Microsoft se dedica al software informático, mientras que Intel concentra sus esfuerzos en el hardware. Sin duda esta alianza ha determinado el desarrollo industrial de ambas empresas: mientras que Microsoft ha agrupado a su alrededor creadores independientes de software, Intel se ha especializado en la fabricación de microprocesadores y se ha ido introduciendo en actividades afines como son las de *chipsets* y las tarjetas con el fin de estimular su actividad principal.

Otro acuerdo interesante es el alcanzado entre Compaq, Intel y Microsoft para la formación de un consorcio que fija los estándares en la tecnología de las líneas digitales de suscriptores (DSL) que permite ofrecer un acceso de alta velocidad a Internet utilizando la línea telefónica, para lo cual las tres empresas del sector de la información se asociaron con siete de las ocho compañías telefónicas Bell que operaban en el ámbito regional de Estados Unidos.

Así que existen diversos tipos de redes empresariales, que se pueden entender como un sistema de relaciones y contactos que vinculan a las empresas y actores entre sí, cuyo contenido puede referirse a bienes materiales, información o tecnología. Desde la perspectiva de la actividad económica se trataría de relaciones entre empresas o empresarios que permiten el intercambio de bienes y servicios o de aquellas informaciones que incorporan conocimientos.

Cualquiera que sea la definición adoptada, las relaciones entre empresas y actores tendrían, entre otros, los siguientes rasgos (Grabher, 1993):

- En primer lugar, una red hace referencia a transacciones dentro de un contexto de reciprocidad (no a intercambios en el mercado ni a relaciones jerárquicas en una empresa).
- En segundo lugar, se trataría de relaciones de interdependencia entre los actores o empresas (y no de independencia, como en el mercado, o de dependencia, como en las empresas y organizaciones jerarquizadas).
- Además, la red se refiere a un sistema de interconexiones múltiples y de respuestas y reacciones de las empresas y actores.
- Por otro lado, aunque los vínculos entre las empresas de la red sean débiles, la interrelación le da fortaleza a la red, como consecuencia del intercambio de información, el aprendizaje interactivo y la difusión de la innovación.
- Por último, las relaciones entre las empresas y actores pueden ser asimétricas, de carácter jerárquico, cuando algunos de ellos controlan actividades o recursos estratégicos de la red, convirtiéndose el poder en un elemento nuclear del funcionamiento de la red que se ejerce a través de los mecanismos de interdependencia.

En las redes de empresas, los recursos (materiales, humanos, de infraestructuras) y las actividades (manufactureras, comerciales, financieras, de servicios técnicos) tienen un carácter central. Pero, como señalan Hakansson y Johanson (1993), la estructura de una red de empresas depende del carácter y el sistema de conexiones y relaciones que se establecen entre las empresas y las actividades. Los factores técnicos y culturales condicionan la estructura, pero su formación y transformación depende de las interacciones que se producen entre las empresas. Así, el sistema de relaciones y conexiones entre actividades y entre empresas se va generando progresivamente, por lo que se puede decir que las redes son un producto de la evolución histórica de un territorio o de un país.

Pero el sistema de relaciones económicas dentro de la red se basa en el conocimiento que unos actores tienen de los otros, en la confianza mutua que existe entre ellos. La confianza es una variable no económica, que aunque difícilmente entra en el cálculo de las empresas, es estratégica para las relaciones económicas de mercado.

Como indica Granovetter (1992), la confianza es necesaria para el normal funcionamiento de la actividad productiva de las empresas y de las actividades de las instituciones en general, pero se convierte en imprescindible en los intercambios económicos, debido a las restricciones temporales y espaciales. Por ello, sin confianza no se podría hablar de redes, ni de sistemas productivos locales ni de procesos de desarrollo endógeno.

Las relaciones de confianza refuerzan los compromisos y la cooperación entre las empresas. Se basan en los contactos personales entre los actores y se fortalecen a medida que los lazos entre las empresas perduran en el tiempo y los resultados de la relación fructifican. En ocasiones pueden llegar a desempeñar un papel fundamental en los negocios, debido al hecho de que siempre son un referente y, frecuentemente, sustituyen a las evaluaciones profesionales para iniciar un negocio o para desarrollarlo.

Por último, las redes tienen una fuerte dinámica interna como consecuencia de las relaciones económicas a que dan lugar los intercambios entre las actividades y al carácter abierto del sistema, lo que produce una progresiva reorganización de las redes y, por lo tanto, el cambio de sus estructuras. Dado que los cambios y transformaciones se producen lentamente, las redes gozan de una cierta estabilidad, lo que permite a las empresas atender las demandas de los mercados y adaptarse a las condiciones de los negocios en un mundo que se transforma continuamente.

Por ello, conviene no olvidar que las redes son una forma de organización que está en equilibrio inestable como consecuencia del dinamismo que muestran sus actores en las relaciones que se establecen entre ellos. El comportamiento diferente de los agentes dentro de la red establece relaciones de poder internas, que tiñen la dinámica de la propia red y los resultados económicos de cada uno de los miembros.

3.2 Creación y desarrollo de empresas

Las redes desempeñan un papel central en los procesos de desarrollo económico, ya que condiciona el surgimiento y crecimiento de las empresas, la difusión de las innovaciones y en definitiva el propio proceso de acumulación de capital.

Desde que Birch (1979) lanzó su interpretación de la natalidad y mortalidad de las empresas, una parte creciente de la literatura sobre desarrollo económico trata de explicar el surgimiento y el desarrollo de las empresas.

En los años ochenta se han propuesto un número relevante de teorías, asociadas con el comportamiento de variables o factores de carácter estratégico
en el ajuste productivo, como la reacción de los actores económicos y de la
sociedad frente a la recesión (*recession push theory*), el crecimiento de la renta
y la aparición de nuevas demandas y nichos de mercado (*income growth theory*) o el cambio tecnológico y el surgimiento de nuevos procesos productivos y de nuevos bienes y servicios (*technological change theory*).

Keeble y Weber (1986) señalan que estos tres factores proporcionan
una explicación convincente de la generación de nuevas empresas y del
desarrollo empresarial en Europa desde finales de los años setenta. Maillat
(1990), por su parte, matiza que mientras la teoría de la reacción frente a la
recesión acepta que el surgimiento del fenómeno de las pequeñas y medianas empresas tiene un carácter temporal, las otras dos explicaciones se
basan en consideraciones estructurales, a largo plazo, de las transformaciones económicas.

Habría que añadir a estas interpretaciones del desarrollo empresarial de
las últimas décadas, las interpretaciones del desarrollo endógeno que sostienen que los sistemas productivos locales han sido uno de los instrumentos
decisivos en la generación de empresas, sobre todo, en los países de desarrollo tardío como los del sur de Europa (Garofoli, 1992). Las pequeñas empresas locales se han especializado en la producción de pequeñas series, ajusta-
das a la demanda de productos modernos, utilizando las tecnologías que les
permiten competir en nichos de mercado. Normalmente, siguen estrategias
basadas en la diferenciación de la producción y en la rapidez de sus respuestas comerciales y constituyen una de las formas de organización flexible del
modelo de acumulación, principalmente en el caso de las experiencias más
evolucionadas.

Todas estas interpretaciones muestran la diversidad de factores que
influyen en el nacimiento y desarrollo de las empresas y su relación con las
características y dinámica de los sistemas productivos locales. En todo caso,
como señala Johannisson (1995), el surgimiento de empresarios y de pequeñas empresas se apoya en la existencia de redes personales, que permiten
madurar el proyecto de empresa a partir de las informaciones que les proporcionan y comenzar su realización a través de la inclusión progresiva de personas de su confianza, de personas que los empresarios conocían antes de que
la idea surgiera y se transformara en un proyecto.

El contexto en el que se emprenden las nuevas actividades, permite al
empresario fortalecer sus relaciones con el entorno exterior (eventualmente,

global), debido, entre otras, a las razones que señala el propio Johannisson. Ante todo, el contexto local le proporciona los recursos y las relaciones necesarias para el desarrollo de la actividad productiva. Además, reduce el grado de incertidumbre que caracteriza a la actividad productiva, y proporciona a los empresarios y gestores la autoestima que necesitan para asumir los riesgos que llevan consigo los proyectos empresariales. Por último, el contexto económico, social e institucional proporciona a las empresas los elementos necesarios para identificar y aprovechar las oportunidades que se presentan en los mercados.

En todo caso, las diferencias territoriales en la creación y el desarrollo de las empresas se deben a una gran variedad de factores culturales, institucionales, sociales y económicos, que son interdependientes y se refuerzan entre sí; por lo que las características específicas de una localidad o de un territorio son las que promueven el desarrollo empresarial (Malecki, 1999; Manson, 1991). En la actualidad, las empresas más competitivas surgen y se desarrollan con más facilidad en aquellos lugares que tienen una buena infraestructura tecnológica, la mano de obra tiene una buena cualificación, existen facilidades financieras, se ha consolidado una red de empresas de alta tecnología y, en particular, existe un entorno institucional y cultural propicio para la asunción de riesgos y la introducción de innovaciones.

Esta reflexión se puede ampliar abordándola desde la perspectiva de la capacidad que tienen los sistemas productivos para promover el desarrollo económico. ¿Cómo surgen las empresas en los territorios cuya actividad básica es la agricultura y el comercio? ¿Cómo se producen los procesos de industrialización endógena? Según los trabajos que se han realizado en los países de desarrollo tardío de Europa (Garofoli, 1992), el surgimiento de empresas industriales en una localidad puede ocurrir como consecuencia de la crisis o pérdida de dinamismo del sistema productivo tradicional de la economía local y la aparición de nuevas oportunidades de mercado.

Puede darse una amplia gama de posibilidades. En ocasiones, se trata de la valoración en los mercados de las producciones en las que la economía local tiene una ventaja comparativa debido, por ejemplo, a que dispone de recursos naturales específicos, como ocurre con la industria del mármol en Olula-Macael o con la industria de la alimentación en la Ribera del Ebro. Otras veces consiste en la reacción de la comunidad local ante la crisis del sistema productivo o la pérdida de los mercados tradicionales de los productos agrarios, que impulsa nuevas iniciativas en mercados en expansión; como sucedió en el Valle del Vinalopó cuando en el siglo xix la filoxera destruyó una parte importante de la actividad agraria y surgió la industria del calzado en poblaciones como Elda y Petrel, lo que acabó convirtiéndose con el tiempo en la actividad más importante de la zona.

Krugman (1992) mantiene que la aparición de empresas y la formación de un sistema productivo local se pueden producir como consecuencia del azar. Cuenta cómo Dalton, en Georgia, se convirtió en el centro manufacturero de la producción de edredones de Estados Unidos después de que una joven confeccionara uno en 1895 para hacer un regalo de boda a una amiga, y argumenta que este tipo de accidentes, más frecuentes de lo que se pueda pensar, inician un proceso acumulativo, lo que da lugar con el tiempo a un sistema productivo. Por su parte, Josep María Bernabé (1983) sugiere que el surgimiento de empresas y la formación de sistemas productivos locales obedecen a mecanismos de imitación de experiencias de industrialización en áreas contiguas o cercanas, que impulsan a los emprendedores de una economía local a imitarlas utilizando los recursos existentes en el territorio.

En los casos estudiados de industrialización endógena (Vázquez Barquero, 1988) se ha observado que el impulso que inicia el cambio estructural llega a convertirse en un proceso de desarrollo e industrialización, gracias a la disponibilidad de una cierta capacidad empresarial, a la dotación de mano de obra abundante y barata, a la existencia de una estructura social desarrollada, al conocimiento local de "nuevos" productos y mercados a partir de actividades comerciales previas, y a la disponibilidad de ahorro procedente de la actividad agraria y/o comercial.

Así pues, en contra de la visión tradicional de los economistas que se refiere a los empresarios como empresas que compiten entre sí y que se relacionan a través de las señales del mercado (precio y costes) en su búsqueda del beneficio, el surgimiento y crecimiento de la capacidad empresarial y organizativa en un territorio es el resultado de un proceso complejo, en el que las instituciones, las redes de contactos personales y las acciones estratégicas de los actores permiten a los empresarios realizar sus proyectos de negocio.

La red de contactos y de relaciones de las empresas se ha convertido en un activo estratégico para fomentar el desarrollo de la capacidad empresarial y organizativa de la economía. El contexto en el que se mueve la empresa, junto con la estructura y las relaciones de la red, permiten transformar las decisiones de inversión y de adopción de innovaciones de las empresas en un "proceso colectivo y socializado", que atenúa los riesgos y reduce los costes de innovar, por lo que fomenta el desarrollo de las empresas y del tejido productivo local (Camagni, 1991).

Por último, las empresas se localizan en el territorio y se van organizando espontáneamente (Krugman, 1996), dando lugar a grupos de empresas, cuya formación es dependiente del propio proceso de desarrollo y de las decisiones de inversión públicas y privadas. Los *cluster* de empresas son, por lo tanto muy diferentes unos de otros, sobre todo en lo que concierne al tipo de relaciones que se establecen entre las empresas que forman el *cluster* (Garofoli, 1995; Van Dijk y Sverrisson, 2003).

Entre ellos cabe señalar los grupos de empresas que realizan fundamentalmente actividades comerciales. Así, por un lado, se trataría de grupos de empresas reunidas en un "bazar" con diversidad de actividades y productos, que están próximas unas a otras y, a lo más, comparten información; como sucede en el conjunto de negocios localizados en las treinta y seis calles de la ciudad antigua de Hanoi, cada una de las cuales lleva el nombre de los productos que vende o vendía y que en el siglo XV representaban sendos gremios (*Phuong*). También formarían un *cluster* las zonas formadas por grupos de empresas con actividades y productos parecidos que dan lugar a mercados locales, como el de productos textiles en Lima o el de cerámica en los alrededores de Hanoi, que atraen clientes de manera conjunta, pero que compiten fuertemente entre sí.

Pero gozan de una mayor atención los *clusters* especializados en actividades productivas, que genéricamente se conocen con el nombre de sistemas productivos locales. Las zonas de producción especializada son una forma primaria de sistema productivo local, que está integrada por grupos de empresas entre las que existe una rudimentaria división del trabajo que facilita la difusión de la información y provocan la imitación, y entre las que a veces se desarrollan relaciones de confianza, como en el caso de la industria del calzado en Agra, India, aunque no en otros casos, como sucede en la industria del mueble de Acra, en Ghana. Garofoli (1995) da el ejemplo de la industria del calzado en la provincia de Brescia, en Italia.

Otra forma de sistema productivo local la formarían ciertas variantes de los distritos industriales que se caracterizan por la existencia de potentes relaciones intrasectoriales, que dan lugar a la formación de una red, propiamente dicha, dentro de la que se producen los intercambios de productos y bienes intermedios en el ámbito local. Son sistemas productivos bien integrados territorialmente, que están en un continuo proceso de transformación y de creación propiciando la creación constante de actividades especializadas en componentes de productos y fases del proceso productivo; en todo caso, con fuerte especialización del mercado de trabajo y con transferencia del conocimiento y de las innovaciones de unas empresas a otras. Buenos ejemplos de este tipo de sistema productivo local son la industria del calzado en Elda y Petrel, en España, o en la región de las Marcas, Italia.

Finalmente, estarían los sistemas productivos innovadores, formados por un conjunto de pequeñas y medianas empresas que están en un proceso continuo de cambio y de innovación de productos, procesos, mercados y formas de organización. Estos sistemas se caracterizan por la existencia de una estricta división del trabajo entre las empresas locales, lo que a medida que se produce la diversificación de la actividad productiva los convierte en sistemas productivos de gran complejidad, hasta incluir en ocasiones la producción local de máquinas y herramientas para la fabricación de los productos locales. La fuerte competencia en el mercado de productos pone a las empresas del distrito en una dinámica de renovación continua que les conduce a introducir innovaciones y a controlar la tecnología. Ejemplos clásicos son el de la industria lanera de Prato, Italia, que tanto ha estimulado la actividad investigadora de Becattini o el del distrito del Jura suizo, especializado en la producción de relojes, que ha sufrido una fuerte transformación recientemente (Maillat *et al.*, 1995).

3.3 Distritos industriales

Desde mediados de los años setenta se ha asistido a la revitalización de aquellas economías locales y regionales, cuyos sistemas productivos se articulan alrededor de redes de pequeñas y medianas empresas, y su funcionamiento se interpretó en términos del concepto de distrito industrial, tal como lo había teorizado Marshall (1890 y 1919).

Se han identificado y analizado casos, principalmente, en regiones de los países de desarrollo tardío del sur de Europa (como la denominada "Terza Italia" en Italia, la Comunidad Valenciana en España o el Val do Ave y región Norte, en Portugal), y de América Latina (como Rafaela, en Santa Fe, de Argentina, Novo Hamburgo en Río Grande do Sul, de Brasil, o León en Guanajuato, de México). También en economías en proceso de industrialización (como Sialkot en Pakistán o Tiruppur en India) e, incluso, en países industrializados (como Baden-Württemberg en Alemania, Jutland en Dinamarca, Smaland en Suecia o el Silicon Valley, Orange County y Route 128 en Estados Unidos).

Las similitudes con los distritos industriales marshallianos hizo aflorar y recuperar este concepto, que se adaptó a los hechos que las investigaciones de casos revelaban (Bellandi, 1986). Así, se rescata la noción de distrito industrial de Marshall como la concentración de un conjunto de pequeñas empresas, de naturaleza similar, en un territorio de asentamiento común y definido (la "ciudad industrial"), que interactúan entre sí formando un sistema de relaciones, lo que propicia la generación de economías y la reducción de costes.

Esta definición permite identificar dos dimensiones, una de carácter espacial, asociada con la aglomeración de empresas en una ciudad y otra sectorial, que se manifiesta a través de las relaciones entre las empresas. La concentración de empresas en un espacio delimitado, les permite compartir el mismo mercado de trabajo, utilizar un conjunto de servicios públicos y sociales y vincularse a través del sistema de transportes y comunicaciones, lo que

---

RECUADRO 3.1

EL SISTEMA PRODUCTIVO DE LA CERÁMICA EN CASTELLÓN

El sistema productivo de Castellón lo forma un conjunto de empresas dedicadas a la producción de pavimentos y revestimientos cerámicos que se concentran en las comarcas de l'Alcalatén (Alcora), la Plana Baixa (Betxi, Nules, Onda, Ribesalbes y Villareal) y la Plana Alta (Almassora, Borriol, Villafanes, Vall d'Alba, Cabanes, Vall d'Uxó y Castellón, entre otros municipios), lo que ha dado al territorio una alta especialización en la producción de baldosas cerámicas que es muy competitiva en los mercados internacionales.

La fabricación de productos cerámicos tiene una tradición de más de dos siglos en la zona y se inicia con los primeros pequeños talleres cerámicos, *les fabriquetes*, dedicados a la elaboración de piezas de forma y azulejos en las localidades de Alcora, Ribesalbes y Onda, a finales del siglo XVIII, por influjo de la Real Fábrica del Conde de Aranda. En el año 2000 el tejido productivo lo formaban 226 empresas, el 92% de la cuales tenían menos de 250 trabajadores, con un predominio entre estas últimas de aquellas que tienen entre 25 a 100 empleados, y entre las más representativas se encuentran Porcelanosa, Venis, Gres de Nules-Karaben, Aparici, Vives, Taulell, Pamesa y Grespania.

Las empresas que forman el sistema productivo de Castellón están especializadas en diferentes actividades. Las empresas de azulejos, pavimentos y baldosas cerámicas son fabricantes en sentido estricto, ya que realizan todas las fases del proceso de producción del azulejo, que van desde el diseño hasta cocción y comercialización del mismo, y forman el núcleo central de la actividad productiva; las industrias extractivas suministran la materia prima (arcilla), que se extrae mayoritariamente en Teruel, Valencia y Castellón; y las empresas que fabrican fritas, esmaltes y colores cerámicos son la pieza básica en el desarrollo del sector desde la década de los años ochenta del siglo XX, ya que en ellas recae la generación de tecnología, el diseño y la calidad del producto, y que en la actualidad ocupan una posición de liderazgo a nivel mundial.

La última transformación del sistema productivo de Castellón comenzó a mediados de los años sesenta con la crisis del sistema local debido a la fragilidad de la base productiva que no era capaz de afrontar el aumento de la competencia de productos extranjeros, lo que generó la desaparición de una gran cantidad de empresas. El surgimiento de empresas mejor dimensionadas y mejor organizadas, y, sobre todo, la adopción de innovaciones de proceso en los setenta y de producto en los ochenta lograron provocar la racionalización de todo el sistema productivo, lo que aumentó las redes de contactos y relaciones en el distrito e hizo más eficiente el sistema productivo. Con la aparición de nuevos actores institucionales se consolidó el proceso de reestructuración productiva, las empresas y el territorio aumentaron las ventajas competitivas y mejoró el posicionamiento de las empresas en los mercados internacionales.

Alrededor del sistema productivo se ha ido formando un conjunto de instituciones, tanto públicas como privadas, de apoyo al sector, que realizan y coordinan las actividades de I + D + i, la promoción exterior de los productos cerámicos y la formación específica de los recursos humanos. Entre ellas cabe destacar el Instituto de Tecnología Cerámica, la Asociación para la Promoción del Diseño Cerámico y la Universidad Jaume I, dedicados a las actividades de investigación y formación. Además, realizan una importante actividad las propias asociaciones empresariales, las instituciones académicas como el Instituto de Formación Profesional, el Instituto de Promoción de la Cerámica, la Feria Internacional de Cerámica, (CEVISAMA), la feria anual del sector. Este entramado institucional desempeña, en la actualidad, un papel esencial en la generación de las innovaciones y en su difusión por el tejido empresarial. Constituye, además, el pilar básico para la construcción de redes interempresariales y para la propia intensificación de las relaciones entre las empresas y las instituciones.

Fuente: Tomás Carpi *et al.*, 1999.

favorece la reducción de los costes medios de las empresas y la utilización de las economías de aglomeración que se forman en la ciudad.

Uno de los rasgos más característicos de la noción de distrito es la organización del sistema productivo local, la organización de la producción que se realiza mediante la red de pequeñas y medianas empresas. La excelencia del fenómeno no se debe a la dimensión de las empresas, a que las empresas sean pequeñas, como señalan los más utópicos, sino a que se ha generado espontáneamente un sistema de relaciones entre ellas, a que se ha formado una red de empresas que hacen a la organización de la producción eficiente y competitiva.

La especialización productiva de la red en un producto o gama de productos afines y la de cada empresa en fases del proceso productivo o productos acabados, propicia la formación de un sistema de intercambios múltiples que genera economías de escala en la red, como consecuencia de la formación de escalas en la producción del sistema. Además, la proximidad física favorece los intercambios de productos y de información, lo que propicia la reducción de los costes de transacción entre las empresas y estimula la difusión del conocimiento, lo que genera economías externas de carácter tecnológico en las empresas que pertenecen al distrito.

Las economías de escala y la reducción de los costes de transacción, que se deben a la organización del sistema productivo local y no a la organización interna de las empresas locales, mejoran las capacidades de las empresas de los sistemas productivos locales para competir en los mercados, de manera similar a lo que ocurre con las grandes empresas que son capaces de producir gran cantidad de bienes y servicios y obtener internamente las economías de escala. Pero, a diferencia de las grandes empresas que, normalmente, utilizan el espacio como un enclave, los sistemas locales de empresas están vinculados a un territorio, en el que se desarrollan los intercambios entre las empresas del sistema productivo y las organizaciones e instituciones locales.

Así pues, un distrito industrial se convierte en un sistema integrado de empresas, que permite a cada una de ellas beneficiarse de las economías asociadas con la especialización productiva y con la interacción con las demás empresas locales. Aunque no está claro en la teoría de Marshall el papel que desempeña la cercanía entre las empresas, se puede aceptar la interpretación de Camagni cuando señala que la proximidad física facilita el intercambio de información, la similitud de las actitudes culturales y sicológicas, la frecuencia de los contactos personales y de la cooperación, así como la movilidad de los factores en un marco relativamente reducido.

Un elemento central en el análisis de Marshall es el beneficio que proporciona a la red de empresas el estar localizadas en localidades que tienen una atmósfera industrial específica. Las empresas disponen de una oferta de trabajo cualificado para las tareas que realizan y, además, pueden beneficiarse del intercambio de ideas y conocimiento que se genera en la red, a través de los contactos personales y el intercambio de recursos y productos entre ellas.

En los distritos industriales se concentra una gran oferta de trabajo dedicada a oficios específicos de las actividades productivas dominantes y la cualificación de la mano de obra mejora a medida que el distrito se desarrolla. La acumulación de conocimiento en el sistema productivo local facilita el aumento de la calidad de la mano de obra, lo que constituye uno de los recursos endógenos más relevantes de los distritos y, consecuentemente, un recurso de atracción de inversiones externas.

Además, la atmósfera industrial facilita la difusión de las informaciones sobre técnicas, materiales, procesos, bienes de equipo y mercados, lo que propicia la mejora del conocimiento técnico y la difusión de innovaciones entre las empresas. Podría decirse, como sostiene Bellandi, que los trabajos de Marshall, si bien no tienen una teoría de la innovación, anticipan algunas de las ideas que caracterizan a las teorías actuales sobre la difusión de las innovaciones.

Sin duda, la atmósfera industrial constituye un elemento aglutinador, debido a los beneficios que proporciona a todas las empresas; pero son las condiciones institucionales y socioculturales las que permiten el funcionamiento de los sistemas productivos locales. La organización y especialización de las empresas, la atmósfera industrial y la circulación de innovaciones y conocimientos, reposan sobre las estructuras sociales, institucionales y culturales del distrito, como nos recuerdan Courlet y Soulage (1995). Es decir, lo que caracterizaría la conceptualización de los distritos industriales es precisamente la articulación entre las dimensiones económicas, sociales, institucionales y culturales de un territorio. Becattini sostiene que las empresas locales son, precisamente, el vehículo que facilita la inserción de los sistemas productivos locales en el sistema de relaciones socioculturales del distrito, ya que actúan de interface entre el mercado y la sociedad.

Los distritos cambian y se transforman a medida que evoluciona la economía y las instituciones de un territorio. La pertenencia a un distrito industrial y el disfrute de las economías que produce este tipo de redes de empresas, no suponen una ventaja competitiva permanente; puesto que la integración económica hace aumentar la competencia, reduce las ventajas relativas que proporcionan las economías externas e induce al ajuste de los sistemas productivos locales. Todo ello fuerza a que los distritos industriales se vean impulsados a renovarse, a reforzar la especialización mediante la diferenciación y diversificación de sus actividades, a introducir innovaciones y, en especial, a fortalecer las estructuras institucionales.

3.4 Gran empresa y desarrollo endógeno

La discusión de las dos últimas décadas sobre el desarrollo industrial de las ciudades y regiones muestra que lo relevante para aumentar la productividad no es que las empresas sean grandes o pequeña, sino que la producción se organice de forma flexible. Los sistemas de producción flexible permiten a las empresas reducir sus costes y responder estratégicamente a los desafíos que plantea el aumento de la competencia en los mercados como consecuencia de la integración creciente de la economía.

Con este marco, también las grandes empresas pueden desempeñar un papel dinámico en los procesos de desarrollo endógeno, cuando se organizan de forma flexible y sus estrategias estimulan las relaciones entre las unidades operativas de su red espacial y los territorios en los que se localizan.

La intensificación del proceso de globalización y el aumento de la competencia en los mercados estaría propiciando, en ese sentido, el cambio en la organización de las grandes empresas innovadoras y la reorientación de sus estrategias, en el sentido de aumentar su flexibilidad estratégica y operativa y su imbricación en el territorio de localización. Las empresas innovadoras están adoptando formas de organización más flexibles y han ido abandonando las estrategias de carácter funcional, en las que el territorio era sólo un lugar en el que localizar sus plantas, sustituyéndolas por estrategias territoriales que persiguen una mayor integración y simbiosis de las unidades operativas en los contextos locales (Dupuy y Gilly, 1997).

Las nuevas condiciones de la competencia han obligado a las grandes empresas a abandonar paulatinamente el modelo de organización fordista que se desarrolló en las primeras décadas del siglo XX. La búsqueda de economías de escala en la producción, las compras y las ventas, dentro de la lógica de la organización jerarquizada de las funciones de la empresa, limitaba la vinculación de las plantas subsidiarias al territorio donde estaban localizadas y dejaba poco margen de maniobra a la dirección de las unidades periféricas de la red multiplanta para promover la integración de sus actividades productivas en el territorio de implantación.

Progresivamente, durante las últimas décadas, las empresas más innovadoras han ido introduciendo nuevos principios y prácticas de dirección y gestión, orientados a mejorar la eficiencia y eficacia de la organización. En este sentido, se han ido generalizando procesos de reingeniería de la organización empresarial, tales como la organización del trabajo en torno a los objetivos y no a las funciones que realizan los departamentos, la gestión del tiempo en el aprovisionamiento de materias primas y de productos intermedios y en la entrega de productos a los clientes, la producción según las capacidades de la empresa y la subcontratación de aquellas tareas y funciones en las que no está especializada.

De esta forma, las grandes empresas han ido adoptando modelos de organización más planos, de carácter matricial, o más complejos sobre la base de equipos liderados, pero, sobre todo, más flexibles; entre ellos cabe destacar el modelo de organización federal, la organización cuasi arborescente, la organización en forma de trébol y la organización molecular en torno a segmentos de mercado. Esta evolución de las estructuras organizativas les ha permitido utilizar nuevas estrategias funcionales, que les han llevado a establecer relaciones más eficientes dentro de la empresa, entre la empresa y sus proveedores y clientes y, en especial, entre la empresa y su entorno territorial, tanto con las empresas como con las instituciones locales de las ciudades y regiones en donde se localizan sus plantas de producción y demás centros de actividades.

Las nuevas formas de organización, de producción y de gestión tienen importantes implicaciones territoriales debido a que las estrategias competitivas que siguen las empresas se han convertido en un factor condicionante del emplazamiento de las nuevas actividades empresariales (Cotorruelo, 1996). Los grupos y las empresas innovadoras tienden a localizar sus plantas en función de los atributos del territorio que les permiten obtener ventajas competitivas. Pero, sus preferencias específicas dependen del tipo de actividad y de la posición competitiva de las empresas.

Las investigaciones realizadas sobre los sistemas productivos locales y las pautas de localización de las empresas industriales y de servicios de España (Cotorruelo y Vázquez Barquero, 1997; Sáez Cala, 2001; Alfonso Gil, 2002) muestran un cambio sustancial en las preferencias de las empresas. Las empresas innovadoras del sector de la cerámica señalan que los atributos que más aprecian en los lugares donde se localizan son la disponibilidad de mano de obra, personal técnico y equipos directivos bien preparados y cualificados, la proximidad de proveedores y de servicios técnicos y de mantenimiento, y la difusión del conocimiento que emana de la actividad innovadora de las empresas y del entramado institucional. La industria de la defensa, que tiene un carácter más urbano, señala como atributos la especialización del mercado laboral y la presencia de centros de formación, la cooperación tecnológica y el acceso a centros de investigación, la dotación de infraestructuras de transporte y comunicaciones, la disponibilidad de equipamientos sociales y viviendas de calidad, junto con la internacionalización de las empresas.

Entre los factores de localización que provocan la atracción de empresas de la industria de alta tecnología en los países avanzados (Scott y Storper,

1991; Markusen *et al.*, 1986) cabe señalar, entre otros, la disponibilidad de buenas infraestructuras de transporte y, en particular, de un aeropuerto internacional; la existencia de un tejido productivo que concentre actividad manufacturera, servicios a las empresas y en particular la disponibilidad local de capital riesgo, y de funciones de alta dirección; la existencia de un entorno innovador y creativo, con universidades que llevan adelante importantes programas en ciencia y tecnología, empresas innovadoras y un entorno cultural estimulante; un medio ambiente atractivo con recursos naturales, viviendas a buen precio, así como servicios culturales, educativos y de ocio, que faciliten el disfrute de un buen nivel de vida de la población.

Estas empresas innovadoras se sienten atraídas por localizaciones que tienen recursos e infraestructuras de calidad, cuyo sistema local de empresas funciona en red y es susceptible de generar economías externas, que favorecen la difusión de las innovaciones y el conocimiento y son capaces de producir bienes y servicios en condiciones de competencia creciente y, en particular, cuyo marco institucional favorece el desarrollo de un clima empresarial proclive a la cooperación para competir.

Se podría concluir que, en determinadas condiciones, las grandes empresas modernas podrían catalizar procesos de desarrollo endógeno (Vázquez Barquero, 2002). Las inversiones externas fomentarían el surgimiento y el desarrollo de empresas locales, fruto del aumento de las relaciones con los proveedores locales, generarían una fuerte difusión de las innovaciones como consecuencia de la ampliación de las funciones que se realizan localmente (incluidas en ocasiones las de investigación y desarrollo) y del aumento de los intercambios locales, e impulsarían el desarrollo sostenible al interesarse en la mejora de la calidad de los recursos locales.

3.5 Alianzas estratégicas

En las últimas dos décadas han tenido un gran desarrollo los acuerdos y las alianzas estratégicas, sobre todo entre empresas innovadoras que realizan su actividad en industrias como la electrónica, los semiconductores, el software o las telecomunicaciones, dando lugar a redes cuyo objetivo es crear sinergias entre las empresas y responder a los desafíos que supone la aparición de innovaciones tecnológicas.

Las alianzas estratégicas no son nuevas en el mundo de la organización y la gestión de empresas (carteles, acuerdos entre empresas oligopolistas existen desde hace tiempo), pero a partir de los años ochenta han recibido un gran impulso formas de cooperación diferentes y más sofisticadas instrumentadas a través de *joint-ventures*, participaciones mutuas en el capital de las empresas y acuerdos de investigación conjunta. Se trata de alianzas para realizar proyectos específicos, que afectan a productos, procesos de producción y mercados, durante periodos concretos de tiempo (Dunning, 1993). Este tipo de acuerdos da lugar a redes de empresas, de carácter funcional, localizadas en regiones y países diferentes.

La razón del aumento de este tipo de acuerdos hay que buscarla en la dinámica económica y en el desarrollo de los mercados de tecnología que imponen nuevas formas de producción de las tecnologías. La reducción de los periodos de innovación, el aumento de los costes de I+D, la necesidad de la integración de aplicaciones de diferentes innovaciones, y la aparición constante de nuevas oportunidades tecnológicas, estimula la cooperación técnica entre las empresas. De esta manera, se han ido formando las redes que permiten transformar la organización de la producción necesaria para crear nuevas capacidades de innovación.

Mediante las alianzas estratégicas las empresas pueden obtener economías de escala en la producción, en la investigación y desarrollo de productos y la comercialización, diferenciar la producción y reducir los costes de producción de tecnologías. Cuando la red y las empresas que firman los acuerdos de cooperación son capaces de obtener estas economías, adquieren con ellas ventajas competitivas en los mercados, lo que les permite mejorar la rentabilidad y ampliar sus cuotas de mercado.

Las redes y las alianzas estratégicas, a su vez, facilitan a los socios el control de los procesos y trayectorias tecnológicas, lo que reduce los riesgos que entraña la competencia global. Además, les permite ampliar la capacidad de innovación, mediante un mayor acceso a informaciones reservadas, la utilización de desarrollos tecnológicos complementarios y la incorporación de conocimientos y recursos externos.

Pero, quizás, lo más importante sea que cuando las alianzas estratégicas perduran, las relaciones entre las empresas se convierten en verdaderas redes que transforman la cultura y práctica de los negocios, ya que tienden a reducir la rivalidad y a aumentar la cooperación. Los acuerdos de cooperación técnica tratan de conseguir objetivos estratégicos comunes a todas las empresas, que facilitan la interacción entre los equipos de gestión y de investigación de las diferentes empresas, y la circulación de informaciones confidenciales sobre los negocios.

Pero, como sostiene Castells (2000), la vinculación de las empresas mediante alianzas y acuerdos de carácter temporal no impiden que la competencia se incremente. No se trata sólo de que las alianzas estratégicas no excluyen la competencia y la lucha por cuotas de mercado en áreas que no se recogen en los acuerdos, sino que, además, los socios de hoy pueden convertirse en rivales una vez que el acuerdo ha cumplido sus objetivos.

Las redes y los acuerdos estratégicos están formados por empresas de tipo muy diverso, cada una de las cuales se propone alcanzar objetivos específicos. En los últimos años han ido creciendo las alianzas entre grandes empresas que normalmente compiten en los mismos mercados (como sucede en la industria del automóvil y en la aeronáutica), hasta el punto de que sus estrategias de globalización se apoyan precisamente en acuerdos de cooperación que se instrumentan mediante *joint-ventures*.

Otras veces, se trata de acuerdos de grandes y pequeñas empresas o entre pequeñas empresas con dinámicas productivas complementarias, que acuerdan cooperar en proyectos comunes (Costa y Castellón, 1992). En Europa la colaboración entre grandes y pequeñas empresas se realiza, en gran medida, mediante acuerdos entre empresas (42%), sobre todo en aquellas actividades de producción en las que existen complementariedades entre ellas. También es frecuente la creación de redes organizadas de empresas en la actividad productiva y comercial (15%), cuya forma más extendida es la franquicia comercial que permite diversificar riesgos, penetrar en mercados exteriores, reducir costes y flexibilizar la gestión. Las *joint-ventures* (11% del total), por último, proliferan en fabricación y comercialización de productos agroalimentarios, maquinaria y material eléctrico, electrónica, óptica y software informático, así como en el I + D del sector químico.

Por último, los acuerdos y alianzas estratégicos afectan también a las empresas subcontratistas, en las que se apoyan las grandes empresas cuando llevan a cabo estrategias de despliegue territorial. La subcontratación de grandes empresas con pequeñas empresas muy especializadas, de alta tecnología y que fabrican productos de calidad, se acerca al 27% del total de los acuerdos entre grandes y pequeñas empresas en Europa.

Este tipo de alianzas se suelen instrumentar a través de acuerdos formales, cuya validez operativa es limitada, ya que los acuerdos de cooperación se realizan para llevar a cabo proyectos en los que las empresas que participan comparten conocimientos y bienes inmateriales, cuyo control es difícil de formalizar. Por ello, para que las redes funcionen es necesario que exista una buena dosis de confianza mutua entre las empresas, las demás organizaciones y las personas que trabajan en los proyectos comunes.

3.6 Desarrollo en red

El desarrollo empresarial constituye una de las piezas centrales del desarrollo económico. No se trata sólo de que el surgimiento y desarrollo de las empresas faciliten la creación de riqueza y empleo, sino, sobre todo, de que impulsen la regeneración del propio tejido productivo mediante la mejora de la capacidad para emprender y gestionar, en especial a través de la introducción de innovaciones, particularmente necesarias en escenarios de competencia y turbulencia creciente en mercados como los actuales.

En este contexto, la capacidad empresarial y organizativa se ha convertido en un factor estratégico en la transformación y modernización del sistema económico de las ciudades y regiones, y sus carencias y limitaciones constituyen un problema en los procesos de ajuste productivo y desarrollo económico. Durante las últimas décadas la necesidad de crear y desarrollar empresas ha animado a los gestores locales a poner en marcha instrumentos como las incubadoras de empresas o los centros de negocio e innovación, e incluso a propiciar la modernización de los sistemas productivos locales y los distritos industriales. Un buen ejemplo son los Business Innovation Centres que la Comisión de la Unión Europea creó en 1984, con el fin de favorecer el surgimiento de empresas, innovadoras y competitivas, y facilitar la diversificación y la mejora de la competitividad de las ya existentes (Vázquez Barquero, 1993).

El Reino Unido es el país de la Unión Europea con mayor experiencia en centros de empresas, ya que además de tener una larga tradición ha desarrollado una amplia gama de formas y métodos de promoción. Estas iniciativas proporcionan espacio físico y servicios comunes a las empresas que se instalan en ellos a cambio de una contraprestación monetaria, que se establece en el contrato de alquiler. Entre la gran variedad existente destacan aquellos, promovidos por los municipios, cuyo objetivo es el desarrollo local; aquellos otros que pretenden recomponer el tejido productivo, impulsados por los sindicatos y las comunidades locales; y las iniciativas de grandes empresas como British Steel Co., Job Creation, Coats Paton, Black and Decker, y Reed Decorative Products Ltd., que han mostrado sus preferencias por la creación de incubadoras de empresas.

En España, un caso de gran interés por su novedad es la iniciativa que, con el fin de estimular la creación de empresas, promueve la empresa Valnalón, una empresa del Gobierno del Principado de Asturias, en la cuenca del río Nalón, zona donde existe muy poca tradición emprendedora y que se ha visto afectada por el cierre de la antigua fábrica siderúrgica, Ensidesa, en 1984. Para ello, trata de introducir la formación de emprendedores en el sistema educativo, idea que la Unión Europea considera como un ejemplo a seguir en otras zonas deprimidas y en reconversión de la Unión.

La formación de emprendedores se realiza a través de tres programas básicos: Una Empresa en mi Escuela, dirigido a alumnos de enseñanza primaria (de 8/11 años), en el que en el curso 2003/04 están participando 1.241 alumnos repartidos en 10 municipios de Asturias; Empresa Joven Europea, dirigido a alumnos de 15/16 años, que a partir del presente curso se ha convertido en una asignatura optativa que siguen en la actualidad un total de 1.129 alumnos; un Taller de Empresarios, dirigido a alumnos de 17/25 años, que se realiza desde hace 10 años y acoge en este curso a cerca de 10.000 alumnos procedentes del último año de bachillerato y ciclos formativos, Escuelas Taller de Asturias, cursos de Formación Ocupacional (parcial) y la Universidad (Campus de Mieres).

Además de los programas de formación emprendedora, Valnalón impulsa tres programas de apoyo directo a la creación y desarrollo de empresas: el "semillero de proyectos", que ayuda al emprendedor a convertir su idea en un proyecto de empresa viable; el "centro de empresas" que proporciona espacio en alquiler con servicios comunes y asistencia técnica a empresas de nueva creación por un periodo de tres años; y la "promoción pública de naves y oficinas", en alquiler con opción a compra, con el fin de facilitar el acceso a la propiedad de naves y oficinas a microempresas y pequeñas empresas.

En América Latina, entre los objetivos prioritarios de las iniciativas locales, hay que destacar los instrumentos de apoyo a la creación y desarrollo de las empresas, y en especial de las pequeñas y medianas y de las microempresas, como es el caso de la Agencia para el Desarrollo Económico de la ciudad de Córdoba, en Argentina. En América Central, en donde la OIT y el PNUD establecieron las primeras Agencias de Desarrollo Económico Local (ADEL), funcionan en la actualidad dieciocho que están instaladas en El Salvador, Honduras, Nicaragua, Costa Rica y Guatemala (Canzanelli, 2003). Las ADEL proporcionan servicios técnicos y financieros a las pymes utilizando la cooperación internacional, lo que les permite actuar con autonomía. Durante el periodo 1995-2000 se crearon mediante esta iniciativa 20.000 puestos de trabajo con la utilización de ocho millones de dólares en créditos.

Las nuevas necesidades y demandas de servicios generadas por la globalización están produciendo transformaciones en los centros para la creación y desarrollo de empresas, como puede verse en el caso de Barcelona Activa, la Agencia de Desarrollo Local del municipio de Barcelona, fundada como una incubadora de empresas en 1986. En 1999, Barcelona Activa, desarrolló una plataforma telemática para los empresarios y las pequeñas y medianas empresas de la ciudad. A través de la plataforma, se estimula la creación y el desarrollo de empresas, mediante asistencia y asesoramiento *on-line*, se fomenta la cooperación entre empresas, se incentiva la difusión de las innovaciones y el conocimiento entre las empresas de la red y se estimula el aprendizaje permanente entre los participantes, utilizando siempre las nuevas tecnologías de la información y de las comunicaciones.

Pero, quizás, la aportación más innovadora de la última década se haya producido en Italia, cuando se aprobó la Ley 314/91, en la que se contempla que se puede fomentar el ajuste productivo y el desarrollo económico a través del apoyo a las agrupaciones y *clusters* de empresas y a los distritos industriales. Esta normativa capacita a las regiones, e indirectamente a las comunidades locales, para llevar adelante acciones de apoyo a la difusión de las innovaciones y de acceso a los servicios estratégicos para el desarrollo de los *clusters* de empresas. Por primera vez se considera a las agrupaciones de empresas, a los sistemas productivos locales y a los distritos industriales como posibles objetivos de la política industrial que tradicionalmente se ha orientado a las empresas individuales o a los sectores productivos.

Finalmente, en Galicia, España, el gobierno regional a través del Plan de Potenciación de *Clusters* Empresariales, estimula la cooperación entre las empresas locales y el reforzamiento de las cadenas de producción, con el fin de crear, potenciar y mantener a largo plazo ventajas competitivas. Por ello, se ha propiciado la formulación de planes estratégicos de los *clusters* de la industria naval, la automoción, las actividades de la madera y su transformación y las piedras ornamentales, que pretenden identificar las acciones a llevar a cabo conjuntamente por las empresas locales. La creación de Centros de Innovación y Servicios especializados en cada una de estas agrupaciones de empresas, garantiza la coordinación de las iniciativas que se llevan adelante.

4. La difusión de las innovaciones y el conocimiento

A estas alturas del libro se puede decir que ha quedado suficientemente argumentado que la innovación es una de las fuerzas alrededor de las que se articulan todos los procesos de desarrollo económico, por lo que constituye uno de los factores determinantes del cambio económico y el bienestar social. Los procesos de crecimiento y cambio estructural de las economías se producen como consecuencia de la introducción de innovaciones en el sistema productivo, a través de las decisiones de inversión que toman las empresas. Sin embargo, los efectos económicos de las innovaciones dependen de cómo se difunden en el tejido productivo y de las estrategias tecnológicas que las empresas pueden adoptar, en su pugna por mantener o mejorar su posición competitiva y los resultados de su actividad.

Las empresas toman sus decisiones de innovación en un entorno cada vez más competitivo y globalizado, y es precisamente el esfuerzo por aumentar la rentabilidad de sus inversiones y ampliar la presencia en los mercados lo que, en última instancia, constituye uno de los mecanismos clave del proceso de innovación. Así pues, desde la perspectiva del desarrollo competitivo de las economías, las innovaciones de todo tipo y las nuevas tecnologías, no surgen fuera del sistema económico sino que son endógenas al sistema productivo, a la economía y a la propia sociedad, como reconoce el informe de la OCDE (1992) sobre tecnología y economía.

Este enfoque supone una nueva aproximación al análisis de los procesos de innovación y cambio tecnológico, ya que los interpreta como el resultado de las decisiones de inversión de las empresas y no como la consecuencia de la existencia de una "ley natural" que regula el comportamiento de los agentes económicos. Además, concibe la innovación como un proceso fruto de la interacción entre las empresas y las organizaciones localizadas en entornos innovadores, por lo que el cambio tecnológico sería un fenómeno que depende de la capacidad empresarial existente y está fuertemente anclado en el territorio.

4.1 La innovación, un fenómeno económico y empresarial

El progreso tecnológico es una condición necesaria para el desarrollo económico de los países, de las regiones y de las ciudades. Como hemos visto anteriormente, el crecimiento económico se produce como consecuencia de la acumulación de capital y la acumulación de capital incorpora siempre cambio tecnológico, por lo que se puede afirmar que el crecimiento económico es, en definitiva, acumulación de tecnología, es decir, de conocimiento humano aplicado a la producción, fruto de la experiencia o del conocimiento científico.

En un mundo cada vez más integrado económicamente como es el actual, la innovación se ha convertido en el principal factor diferencial de las empresas y las economías. Las empresas innovadoras aventajan a sus competidoras cuando son capaces de satisfacer las necesidades y expectativas que los consumidores y clientes potenciales expresan en el mercado. Por ello, la creación y adopción de las innovaciones han de relacionarse con la dinámica que conlleva la pugna competitiva de las empresas en los mercados de bienes y de factores.

El nuevo escenario de la competencia global, en el que existen múltiples mercados y diferentes formas posibles de organización de la producción, ha puesto de relieve las limitaciones de las teorías y paradigmas que históricamente se han disputado la interpretación del proceso de innovación lo que, a su vez, ha impulsado el surgimiento de otros nuevos.

Durante décadas, la visión dominante concebía la innovación como un fenómeno funcional, de carácter secuencial y jerárquico. Los modelos neoclásicos y la propia visión de Schumpeter (sin duda, en sus primeros trabajos) han dado lugar a una interpretación casi "metafísica" del proceso de innovación; en la que la investigación (sobre todo, científica), siempre externa al proceso productivo, era la base del fenómeno; en la que cada una de las organizaciones (incluyendo las empresas) tenía una función específica que desempeñar; y en la que la introducción de innovaciones era algo que se producía de forma natural en el proceso de crecimiento de las economías.

Buena parte del pensamiento tradicional de la teoría económica, bajo la hipótesis de *ceteris paribus*, no incluía en el análisis económico la innovación y, en general, los cambios en las condiciones tecnológicas y sociales. Sin embargo, Solow, en los trabajos de mediados de los años cincuenta, hizo una aportación de primera magnitud a los modelos de crecimiento, al argumentar que el progreso técnico es un factor necesario para explicar el crecimiento a largo plazo, introduciendo la innovación y el cambio tecnológico en el factor residual mezclado con otros factores de crecimiento como la educación, las economías de escala y la gestión empresarial. Pero, quizás, lo más llamativo del pensamiento económico tradicional sea que solamente se refiere a las innovaciones de proceso y desconoce otras formas, como son las innovaciones de producto y de organización, que constituyen innovaciones de gran importancia, cuando se hace referencia al desarrollo económico.

La aportación de Schumpeter (1934) constituye, sin duda, una interpretación potente para analizar los procesos de innovación de forma más ajustada a la realidad. No sólo ha sido uno de los primeros economistas en reconocer la importancia de las innovaciones de producto en los procesos de desarrollo sino que, además, ha situado el fenómeno de la innovación en el lugar central de los procesos de desarrollo (formulando el principio de destrucción creadora), ha reconocido que la innovación es un proceso que está condicionado por los resultados que los innovadores obtienen en el mercado y ha expresado que el proceso de innovación ocurre en condiciones de competencia dinámica; es decir, de competencia imperfecta.

Schumpeter, no obstante, no fue capaz de ver el proceso innovador en toda su dimensión. Distingue entre invención, innovación e imitación, pero, en sus primeros trabajos, tan sólo concede a las innovaciones (según su teoría, introducidas de forma discontinua por empresarios carismáticos y visionarios) capacidad relevante para aumentar la productividad y promover el crecimiento económico. Las demás actividades asociadas en el proceso de cambio tecnológico tendrían para Schumpeter menor significación, la invención sería externa al proceso productivo, como lo son los descubrimientos científicos, y la imitación sería una actividad irrelevante, difusora tan sólo de la nueva tecnología. En sus últimos trabajos, Schumpeter (1943) matiza su posición y reconoce que los cambios tecnológicos dependen de las decisiones de invertir de las empresas innovadoras y que las grandes empresas participan también en la actividad científica, con los trabajos realizados en sus laboratorios.

La diferencia entre tecnología, formada por el conjunto de conocimientos técnicos que permiten la producción de bienes y servicios, y el conocimiento científico es muy clarificadora; puesto que apunta a considerar al conocimiento científico como un bien público, al alcance de todas las empresas y organizaciones, mientras que la tecnología sería un bien privado del que los individuos y las empresas se pueden apropiar (claramente, cuando se trata de conocimiento técnico nuevo) y, por lo tanto, limitar la utilización que los demás puedan hacer del mismo, a través de las patentes y demás instrumentos que protegen los derechos de propiedad.

Así pues, el pensamiento de Schumpeter esconde una de las ideas fuerza de la moderna teoría de la innovación, ya que considera la actividad innovadora como una actividad económica, en el sentido más tradicional del término. Una actividad que surge como consecuencia de la pugna competitiva de las empresas, estimulada por la necesidad de aumentar sus rendimientos y de mejorar su posicionamiento en los mercados, y que se realiza mediante la aplicación de recursos financieros, que se espera proporcionen beneficios en el futuro.

En este contexto, las invenciones, que no son más que descubrimientos en estado puro, pueden resultar viables económicamente, cuando permiten a las empresas resolver los problemas productivos, organizativos y de mercado. Como señala Freeman (1988), cuando las nuevas ideas sobre productos, métodos de producción o formas de organización se aplican a la realidad productiva, se convierten en innovaciones. Las empresas, a través de las inversiones, aplican los nuevos conocimientos tecnológicos, lo que les permite obtener mejores resultados con los recursos disponibles, fabricar nuevos productos, organizarse de forma más eficiente, e introducirse en nuevos mercados.

Pero quizás, la mayor limitación del pensamiento de Schumpeter resida en el núcleo de su aportación más relevante, ya que su concepto de innovación le impide ver en toda su extensión el proceso de desarrollo económico. Su argumentación gira alrededor de las innovaciones radicales, es decir de las innovaciones que producen grandes discontinuidades en el sistema productivo e industrial o que generan el surgimiento y desarrollo de nuevas actividades industriales. Es decir, tiene en cuenta innovaciones como la máquina de vapor, el motor de gasolina, la bombilla de filamento incandescente, el transistor, el microprocesador o las máquinas de control numérico (Vegara, 1989).

Ignora, sin embargo, el papel que desempeñan las innovaciones incrementales en los procesos de desarrollo, que hacen referencia a innovaciones como aumentar el rendimiento energético de un motor diesel, mejorar el aislamiento acústico de los materiales de construcción, introducir diseño y nuevos materiales en la confección o modificar el diseño y los componentes de un automóvil (un producto que al fin y al cabo tiene más de cien años). Es decir, las pequeñas mejoras que se realizan en los productos y procesos gracias al trabajo de los ingenieros de producción, de los técnicos y de los trabajadores cualificados en las plantas de fabricación, permiten mejorar la viabilidad económica y técnica de los procesos y acercar mejor los productos al mercado. En realidad, ambas formas de innovación están fuertemente relacionadas, en tanto y en cuanto las innovaciones incrementales constituyen perfeccionamientos de las radicales, lo que en ocasiones puede tener más importancia económica que la invención inicial.

En resumen, el pensamiento de Schumpeter ha ido madurando en toda su producción científica hasta convertirse en un potente paradigma del cambio tecnológico. La innovación es un proceso que se produce en condiciones de competencia imperfecta, estimulado por las decisiones de inversión de los empresarios. Es una actividad económica en la que confluyen las diferentes etapas del conocimiento, fruto de la investigación básica y aplicada, lo que permite transformar ideas en unos productos que se venden en los mercados (Rosegger, 1996). La innovación es, por lo tanto, un proceso continuo, endógeno a la actividad productiva y al propio proceso de desarrollo, aparece puntualmente en el tiempo y en el espacio, y se difunde por todo el sistema productivo, a través de mejoras continuas.

4.2 La evolución endógena de la tecnología

El pensamiento evolutivo, tal como muestran los trabajos de Rosenberg, de Nelson y Winter (1977), Dosi (1988), y Freeman y Soete (1997), permite analizar la innovación en entornos de incertidumbre. Trata de explicar la evolución de la tecnología a lo largo del tiempo e identificar por qué el uso de tecnologías específicas en un momento concreto está condicionado por lo ocurrido anteriormente; y analiza los mecanismos a través de los que se seleccionan las innovaciones que se incorporan al proceso productivo.

El pensamiento evolutivo se apoya en la idea de Schumpeter, de que las empresas son los actores estratégicos en los procesos de evolución de las tecnologías, ya que ellas toman las decisiones de inversión en nuevos procesos y productos. Nelson y Winter (1977; 1982) señalan que las empresas son organizaciones, diferentes unas de otras y con distintos niveles de rentabilidad, pero que, en todo caso, son las verdaderas incubadoras de las innovaciones. Las empresas "transportan" las tecnologías y todas aquellas prácticas que determinan lo que producen y cómo lo hacen; es decir, son portadoras de lo que ellos han denominado rutinas.

Las rutinas, que se comportarían como los genes en los organismos vivos que estudia la biología, incorporan, además de los conocimientos que existen en la industria sobre tecnologías, mercados y gestión, aquellos otros específicos de la empresa que le permiten diferenciarse de las demás. Pueden identificarse tres tipos de rutinas:

- Los procesos operativos, que determinan cómo y cuánto produce una empresa en circunstancias diversas, en función del stock de capital y de las tecnologías que utiliza.
- Los sistemas y los criterios que siguen las empresas en la toma de decisiones de inversiones en tecnología, en función de los beneficios y la rentabilidad que esperan conseguir, mediante la comercialización de los productos que incorporan los nuevos conocimientos.
- Los mecanismos de aprendizaje de la empresa cuyo objetivo es crear o mejorar las técnicas de producción y cuyos resultados afectan a su rentabilidad a largo plazo.

Las empresas, como se ha señalado anteriormente, no actúan aisladamente sino que operan en un entorno concreto, formado por una red de empresas con las que realizan intercambios comerciales y técnicos y un conjunto de instituciones y organizaciones que les prestan todo tipo de servicios. El entorno y las estrategias de las empresas con las que compiten condicionan los resultados y los beneficios de los procesos innovadores de cada empresa.

En un entorno de competencia creciente (como el creado por la globalización), en el que las empresas despliegan sus estrategias con el objetivo de mantener su participación en los mercados y de mejorar o mantener su rentabilidad, se produce el proceso de selección de las tecnologías. Los resultados de la venta de los productos en los mercados conducen a identificar las tecnologías que van a ser recompensadas y aquellas otras que serán penalizadas.

La empresa constituye la unidad de selección. Cada empresa tiene sus propias características tecnológicas y organizativas y sus rutinas, lo que condiciona sus métodos de producción y sus productos. Aunque, de hecho, son los productos los que están sometidos a la competencia en los mercados y, por ello, son los sujetos directos del proceso de selección económica, es la actividad de la empresa la que, en definitiva, se ve afectada por los mecanismos de selección.

La continuidad de la empresa sólo es posible cuando es portadora de rutinas virtuosas que le permiten mantener o aumentar su participación en los mercados y mejorar su rentabilidad. Las empresas, en todo caso, se resisten a abandonar aquellas rutinas que les han permitido ser competitivas y mantener el posicionamiento en los mercados durante largos periodos de tiempo. Tan sólo el aprendizaje continuo favorece la adaptación de las empresas a las condiciones cambiantes de los mercados y las capacita para responder a las estrategias de las empresas rivales.

El aprendizaje constituye, sin duda, un mecanismo que facilita el cambio tecnológico y técnico. Vegara (1989) relata que durante la Segunda Guerra Mundial fue posible la construcción masiva de equipos de transporte (como buques o el fuselaje de aviones) gracias a que los técnicos y los trabajadores especializados introdujeron cambios en los métodos de producción, como consecuencia del aprendizaje en el puesto de trabajo. Pero, además del aprendizaje por medio de la práctica se producen fenómenos de aprendizaje por el uso, como sucede con el software informático. Pero, para que esto sea posible, es necesario que los usuarios que experimentan y aprenden transmitan a los productores su experiencia y conocimientos adquiridos en el uso de los bienes. Incluso a través de la ingeniería inversa, que consiste en desmontar y montar productos, actividad muy extendida en la industria de microprocesadores, el aprendizaje permite impulsar el cambio técnico.

En definitiva, es en la pugna competitiva de las empresas donde surgen las innovaciones que, según la teoría evolutiva, pueden considerarse como *mutaciones* de las tecnologías existentes. Frecuentemente, suelen poner en peligro la supervivencia de las tecnologías existentes y siempre alteran las rutinas utilizadas hasta el momento por las empresas que adoptan la nueva tecnología. Son las empresas las que deciden si las introducen o no, pero es el mercado al indicar qué empresas lo están haciendo bien y cuáles no, el que valora la adecuación de las innovaciones. La rentabilidad de la empresa es un buen indicador de la idoneidad (*fitness*) de la tecnología y de la buena salud (*fitness*) de la empresa.

Por su lado, la evolución de la tecnología es necesario analizarla en función de las estrategias competitivas de las empresas. Como recuerda Michael Porter en su libro *La Ventaja Competitiva de las Naciones*, publicado en 1990, las desventajas de las empresas se pueden transformar en ventajas competitivas cuando reaccionan creativamente introduciendo innovaciones, como muestra la historia de la industria del automóvil. A principios del siglo XX, Ford disponía de una gran cantidad de mano de obra emigrante, con bajos niveles de cualificación, lo que representaba una desventaja para competir; ello le impulsó a crear la cadena de montaje, que con el tiempo se convertiría en una innovación que iba a transformar los métodos de producción de toda la industria manufacturera. Décadas después, las empresas japonesas del automóvil, y de otras actividades industriales, tenían que producir con limitadas disponibilidades de espacio y altos precios del suelo, lo que sin duda constituía una restricción importante para competir en una industria tan globalizada. Esta limitación se convirtió en un estímulo para crear las técnicas de producción *just-in-time* que facilitan el aprovisionamiento de materias primas y bienes intermedios en el momento más adecuado para su utilización, consiguiendo así reducir los *stocks* y los costes de producción.

El éxito de una innovación, por otro lado, supone un cambio en el proceso de evolución, pero ello no significa que la tecnología que se impone sea, técnicamente, superior a las que compiten con ella. Para que una tecnología tenga éxito y consiga desplazar a una tecnología rival, su introducción, además de ser afortunada (tener suerte), necesita ir acompañada de un conjunto de mejoras en la empresa y en el entorno, que son decisivas en la batalla competitiva con las innovaciones rivales (piénsese, por ejemplo, en la disputa entre los sistemas de vídeo Beta y VHS). Para ello, hay que mejorar las rutinas de las empresas a través del aprendizaje y favorecer la difusión de su uso en la industria, pero el resultado es incierto, ya que está condicionado por el efecto de las inversiones que se realizan para impulsar el aprendizaje.

Pero no es una tarea fácil desplazar a una tecnología que está instalada en el sistema productivo, puesto que, una vez que una innovación se ha consolidado, funcionan los mecanismos que le permiten mantener su dominio en el mercado, como lo muestra el caso del teclado tradicional de las máquinas de escribir (QWERTY), cuya innovación se remonta a finales del siglo XIX y está asociada con la disposición de las letras de forma tal que las mecanógrafas más experimentadas no tuvieran "atascos" en su uso. A pesar de que las máquinas eléctricas y electrónicas permitieron superar estas dificultades en su día, el teclado tradicional continúa utilizándose, debido a que la relación de coste y beneficios entre el uso de la tecnología antigua y la nueva, técnicamente superior, hace inviable el cambio de tecnología debido a que la sustitución resultaría muy costosa.

El principio de selección funciona en todo caso, ya que una innovación tecnológica que tiene éxito genera, a largo plazo, beneficios a la empresa, lo que impulsa las inversiones en bienes de equipo, favorece la utilización de recursos humanos cualificados para las nuevas tareas, aumenta la productividad de la empresa y permite el aumento de salarios y beneficios. Dado que las empresas que utilizan las tecnologías más rentables tienden a crecer, las empresas rivales se ven forzadas a imitarlas y adoptan las tecnologías que han probado su rentabilidad, abandonando las menos eficientes. De esta manera, el proceso de selección provoca mecanismos de difusión y de crecimiento en el sistema productivo.

4.3 La difusión y las redes de innovación

Cuando se analizan los procesos de cambio estructural y la dinámica económica, lo realmente relevante, más que las innovaciones aisladas, son los procesos de innovación, así como la formación de grupos de innovaciones que surgen y se difunden por las diferentes áreas de la actividad productiva. Freeman, Clark y Soete (1982) sostienen que las nuevas olas de expansión de la actividad económica se deben a la aparición de sistemas tecnológicos formados por racimos de innovaciones que, a partir de un mismo núcleo tecnológico, generan la formación de conjuntos de empresas que producen nuevos bienes y servicios y que dan lugar a nuevas pautas de consumo.

La introducción de racimos de innovaciones técnicas genera, sin duda, alteraciones y transformaciones en el ámbito de la producción, pero también en la esfera social, organizativa e institucional, ya que su introducción requiere realizar cambios en las estrategias de gestión de las empresas y en el entorno institucional. Freeman y Soete (1997) citan los efectos que la tecnología de la información esta ejerciendo en las "oficinas del futuro" y sostienen que el ordenador, el procesador de textos, los bancos de datos, el correo electrónico y los demás servicios de la información, están transformando las actividades de servicios hasta el punto que muchos de ellos están convirtiéndose en actividades intensivas en capital y, cada vez con más frecuencia, en actividades intensivas en tecnología.

La difusión de las innovaciones no se debe a un proceso aleatorio y estático del tipo que proponen los modelos de carácter epidemiológico, que consideran que la difusión es un fenómeno social que propicia la transmisión de las innovaciones por contacto, a través de la divulgación de informaciones sobre sus características técnicas y económicas. La obtención de información y la difusión de las innovaciones es un proceso costoso que fluye a través de senderos concretos, que Dosi (1984) denomina *trayectorias tecnológicas*, alrededor de las que se crean y desarrollan conjuntos de empresas que tratan de rentabilizar sus inversiones y obtener los beneficios esperados de la adopción de innovaciones.

Por lo tanto, la difusión de las innovaciones y del conocimiento no es una cuestión de copiar lo que otras empresas y países han creado, como se pretende en algunas actividades realizadas en el sureste asiático, sino que se trata de aplicar el conocimiento a las innovaciones básicas que surgen esporádicamente (como pueden ser la máquina a vapor, el avión, la radio, la televisión o los circuitos integrados) y que son las que marcan las trayectorias a seguir. Nelson y Winter (1977) sostienen que durante el siglo XX una de las trayectorias naturales más relevantes fueron los desarrollos de la electricidad, cuyas innovaciones principales se habían producido en las décadas de 1870 y 1880. En el siglo XX hemos asistido a la aplicación de la energía eléctrica para la luz, la calefacción, la maquinaria eléctrica, así como las mejoras de los componentes eléctricos y, después, de los electrónicos. Dosi (1984), por su parte, pone el ejemplo de la industria de semiconductores, en la que la trayectoria tecnológica se orienta al aumento de la densidad de los circuitos (con su reducción), velocidad, fiabilidad y reducción de costes.

Así pues, el surgimiento de un nuevo sistema tecnológico desencadena el proceso de difusión vinculado a las múltiples innovaciones radicales e incrementales, y a los cambios organizativos e institucionales. La oportunidad de nuevos negocios que presenta el nuevo escenario tecnológico atrae a un gran número de empresas, en distintos momentos del ciclo de vida de la tecnología, que van a ser quienes van a introducir innovaciones y a producir los nuevos bienes y servicio (Davelaar, 1991).

El proceso de difusión, en sus primeras etapas, es un proceso creativo y no puramente imitativo. Múltiples empresas, atraídas por los bajos costes de entrada y por la oportunidad de obtener beneficios elevados, tratan de ser competitivas y moverse dentro de las trayectorias tecnológicas, generando nuevos productos mediante las mejoras técnicas y económicas, que acercan cada vez más los bienes al mercado. Es un periodo en el que la tecnología es inestable y las empresas están experimentando continuamente. Davelaar denomina a las innovaciones incrementales de esta etapa como un *proceso de difusión creadora*.

En los momentos iniciales de la introducción de una innovación existe una gran cantidad de problemas de ingeniería y de desarrollo de la tecnología, cuya solución favorece su explotación comercial. En ocasiones, las innovaciones necesitan disponer de materiales adecuados que permitan su adopción, como ocurrió con la producción de acero a través del método Bassemer, creado en 1856, que necesitaba poder disponer de grandes cantidades de oxígeno puro, lo que no se pudo obtener hasta setenta y cinco años después. A veces, la superioridad con respecto a las técnicas existentes requiere mejoras continuas de sus características, como ocurrió con la utilización del motor de vapor en la navegación, que había sido patentado a finales del siglo XVIII y no se pudo usar hasta un siglo después (a finales del siglo XIX), cuando la tecnología del acero permitió producir quemadores de alta calidad.

A medida que el proceso de aprendizaje se desarrolla dentro de las nuevas trayectorias y las características de la demanda se precisan, los nuevos productos tienden a estandarizarse, por lo que la competencia entre las empresas innovadoras deja de centrarse en las innovaciones de producto y se orienta hacia los métodos y formas de organización de la producción y la distribución. Las innovaciones de proceso se proponen conseguir economías de escala y de funcionamiento que mejoren, de manera directa, la competitividad y rentabilidad de las empresas. Por ello, parte de las empresas que en la etapa anterior demostraron una gran creatividad, abandonan la producción y aparecen otras nuevas que muestran una mayor habilidad en las innovaciones de proceso, y de organización de la producción y de comercialización de los productos.

Estos cambios muestran la transformación continua de la dinámica de los procesos de difusión. El énfasis pasa, progresivamente, de las innovaciones de producto a las innovaciones de proceso a medida que la estandarización de los bienes y servicios se consolida. En la fase de difusión de las innovaciones, surge la estandarización como una herramienta necesaria para reducir los costes de producción y, en su caso, los precios del producto. Esto da lugar a que, en las últimas etapas de difusión de la innovación, la competencia entre las empresas se base más en el precio que en la novedad del producto. Pero, cuando la tecnología de proceso está al alcance de todas las empresas, aparecen nuevas alternativas que mediante la diferenciación de la producción introducen nuevas mejoras en los atributos de los productos que los acercan de manera renovada al mercado.

Como se ha indicado anteriormente, la evolución de la tecnología se produce de acuerdo con el proceso de selección, en el que el mercado es quien establece cuáles van a ser las innovaciones que se van a mantener, en función de los resultados económicos de las empresas. En cada una de las etapas, las empresas toman sus decisiones de inversión en tecnología en función de la rentabilidad esperada, lo que provoca la entrada y salida de empresas del mercado y explica la evolución de la propia tecnología y, consecuentemente, la dinámica productiva de la industria y el crecimiento económico.

Ahora bien, la difusión de las innovaciones no es un fenómeno automático, sino que está condicionado por el funcionamiento interno de las empresas y por las relaciones que las empresas mantienen con su entorno. Así, las inversiones en capital físico y en la mejora de la calidad de los recursos humanos que realizan las empresas tendrían un efecto difusor de las innovaciones en el sistema productivo, que se produciría a través de las relaciones e intercambios de las empresas con sus proveedores y clientes, así como con su entorno institucional inmediato.

La utilización de un nuevo bien de equipo por parte de una empresa, como indica Arrow (1962), transforma el entorno en el que la empresa produce e intercambia bienes y servicios, genera el aprendizaje de los trabajadores y hace aumentar el conocimiento técnico en la economía en su conjunto. En estas circunstancias, el conocimiento puede considerarse como un bien público, que una vez utilizado por la empresa innovadora, es accesible y queda a disposición de las demás empresas. Por lo tanto, el aumento de la inversión y del stock de capital supondría un aumento del conocimiento técnico que se difundiría por el tejido productivo.

El aumento de la calidad del trabajo produciría un efecto difusor sobre la economía, de carácter análogo al que se ha descrito al analizar los procesos de aprendizaje que suponen las inversiones en capital físico. Lucas (1988) argumenta que la educación y la formación incrementan el capital humano y aumentan las habilidades y conocimientos de los individuos que participan en la actividad productiva y transforman el entorno en el que las empresas están inmersas. Los recursos humanos adquieren, así, mayor capacidad productiva y mejoran sus rendimientos, lo que propicia el crecimiento sostenido de la productividad y competitividad de las empresas. El conocimiento, en su carácter de bien público que se produce endógenamente, se transmite de unas empresas a otras a través de los individuos que lo incorporan en su trabajo.

La innovación y la difusión forman parte de un mismo proceso en el que se producen continuas interacciones entre las empresas y las organizaciones e instituciones que forman las redes innovadoras. Las empresas no innovan de forma aislada a través de sus propias fuentes de conocimiento, sino que lo hacen gracias a las relaciones con su entorno y a los mecanismos de aprendizaje que se generan como consecuencia de las interacciones con sus proveedores y clientes, junto con las relaciones con las instituciones públicas y privadas cuyas actividades intervienen en el proceso de creación y difusión de las innovaciones. Las innovaciones, por lo tanto, surgen y se difunden dentro de un sistema económico, social e institucional concreto, que está sometido a continuas transformaciones y cambios, y que se denomina Sistema Nacional de Innovación (Nelson, 1993).

Freeman y Soete (1997) advierten de la influencia que el desarrollo y potenciación de los sistemas nacionales de innovación tienen sobre el desarrollo de los países, como aparece al comparar la dinámica económica y el pro-

Cuadro 4.1. Diferencias de los sistemas nacionales de innovación en los años ochenta

Este de Asia	América Latina
Expansión del sistema de educación universal, con una creciente proporción de ingenierías y de carreras de ciencias	Deterioro del sistema educativo, con baja proporción de ingenierías y de carreras de ciencias
Importación de tecnología con una creciente participación de las empresas locales en el cambio tecnológico	Importación de tecnología con una débil participación de las empresas locales en I + D
I + D industrial por encima del 50% de todo el I + D	I + D industrial por debajo del 25% del total
Desarrollo de importantes infraestructuras de ciencia y tecnología con vinculaciones posteriores con I + D industrial	Debilitamiento de las infraestructuras de ciencia y tecnología y débiles vinculaciones con la industria
Altos niveles de inversión y flujos crecientes de inversión y tecnología japonesa. Influencia de los modelos japoneses de gestión y organización en red	Declive de la inversión extranjera (sobre todo de la norteamericana) y en general bajos niveles de inversión. Poca participación en las redes de tecnología
Fuertes inversiones en infraestructuras avanzadas de telecomunicaciones	Bajo desarrollo de las telecomunicaciones modernas
Crecimiento rápido y fuerte de las industrias electrónicas	Débil industria electrónica

Fuente: Freeman y Soete, 1997

greso del conocimiento en América Latina y los países del Este de Asia. Según la información estadística del Banco Mundial, la tasa de crecimiento del Producto Interior Bruto se mantuvo en los países del Este de Asia durante los años ochenta (y pasó del 7,5% anual entre 1965 y 1980, al 7,9% entre 1980 y 1989), mientras que en América Latina disminuyó significativamente (del 5,8% al 1,6%). Entre los factores que han contribuido a tan importantes diferencias en los resultados económicos, hay que destacar que en los países de Asia, a diferencia de lo que ha ocurrido en América Latina, se han producido cambios sociales radicales como son la reforma agraria o la educación universal para toda la población; pero también hay que destacar las profundas transformaciones técnicas ocurridas en estos países.

Se puede decir entonces que el proceso de difusión está condicionado por el comportamiento de las organizaciones e instituciones con las que las empresas innovadoras intercambian bienes y servicios; como los centros de investigación, las universidades, las oficinas e institutos gubernamentales o los sindicatos y las asociaciones de empresarios. La difusión de las innovaciones requiere que las instituciones se acomoden continuamente a las necesidades y demandas de las empresas y actúen para facilitar el cambio tecnológico. Cuanto mayor sea la flexibilidad en la adaptación de las instituciones, mayores serán los efectos del cambio tecnológico sobre los procesos de desarrollo económico.

4.4 Entornos innovadores

La noción de entorno local (*milieu*), tal como lo han conceptualizado los grupos de investigación de Europa y Estados Unidos que forman la asociación GREMI, permite ampliar la visión del proceso de innovación. Estos investigadores plantean que el territorio desempeña un papel estratégico en la creación y difusión de las innovaciones y ayuda a identificar algunos de los factores que condicionan la respuesta de las empresas y territorios a los desafíos de la globalización, lo que implica ayudar a interpretar la dinámica económica actual.

Un entorno local estaría formado por una red de actores locales y las relaciones que configuran el sistema productivo, en el que los agentes económicos, sociales y políticos, poseen modos específicos de organización y regulación, tienen una cultura propia y generan una dinámica de aprendizaje colectivo (Crevoisier *et al.*, 1990; Perrin, 1990).

RECUADRO 4.1

EL DISTRITO TECNOLÓGICO DEL JURA

A la región del Jura se la conoce tradicionalmente como un territorio especializado en la producción de relojes, debido a la tradición industrial secular de sus cantones, pero en los últimos veinte años ha diversificado su sistema productivo de forma significativa introduciendo actividades de alta tecnología, convirtiéndose en uno de los entornos innovadores más dinámicos de Europa.

La economía de la región, integrada por los cantones de Neuchâtel y Jura, el norte de Vaudois y el Valle de Joux (cantón de Vaud), el Jura Bernois (cantón de Berna) y el Jura Soleurois (cantón de Soleure), se ha desarrollado a partir de las actividades relacionadas con la relojería. En la actualidad su tejido productivo lo forman, además, actividades como la mecánica de precisión y las microtécnicas, a las que se han unido en las últimas décadas actividades como la microelectrónica y los nuevos materiales.

Su organización industrial está constituida por una red densa de empresas (PYME y grandes empresas) que mantienen relaciones de cooperación-competencia entre ellas. La región dispone de un gran potencial industrial, una reserva de mano de obra altamente cualificada y un saber hacer tradicional, asociado con las actividades que constituyen el tejido productivo. El sistema productivo del Jura suizo está formado por un 95% de pequeñas y medianas empresas y se caracteriza por la desintegración vertical de la producción, lo que implica intensas colaboraciones científicas y técnicas, necesarias para mantener el nivel tecnológico en los productos y procesos, así como la cooperación económica entre las empresas.

La relojería favoreció el surgimiento y desarrollo de actividades industriales, tales como la producción de herramientas, de instrumentos e incluso de maquinaria. Aunque inicialmente el desarrollo industrial estuvo vinculado a las necesidades de la industria tradicional, progresivamente estas actividades han ido adquiriendo mayor autonomía y adquiriendo una dinámica propia, con numerosas aplicaciones en toda una serie de productos como la telefonía, los instrumentos de medición y de control, las máquinas de oficina y los equipos periféricos para el ordenador. El saber hacer de la actividad relojera se enriqueció con los conocimientos procedentes de sectores como la microelectrónica, la óptica y los nuevos materiales, impulsando el desarrollo de nuevas actividades microtécnicas, tejiendo un vínculo entre las tecnologías tradicionales y las nuevas.

Históricamente, la región se ha beneficiado de su saber hacer en microtécnicas elementales, esencialmente mecánicas o electromecánicas (gramófonos, máquinas de escribir, aparatos de telecomunicaciones, microherramientas, receptores radiofónicos). Su génesis se remonta a finales de los años sesenta y principio de los setenta con el desarrollo del reloj de cuarzo, donde por primera vez se produce una combinación tecnológica entre la micromecánica y la microelectrónica. Sin embargo, las microtécnicas modernas se derivan de una combinación de la mecánica de precisión, la microelectrónica, los nuevos materiales y, en algunos casos, la óptica o la optoelectrónica.

La innovación en la industria de las combinaciones microtécnicas implica, en parte, la creación y desarrollo de redes de cooperación entre las empresas y los centros de investigación y de formación. Las empresas por su tamaño no disponen siempre de los medios y capacidades indispensables para la realización de innovaciones de producto o de proceso, dado que este tipo de actividades exigen un esfuerzo importante en investigación y formación. Por tanto, se necesita disponer de una infraestructura sólida en este campo, con la que pueda contar la esfera industrial. Así, la fusión y reconversión de los antiguos laboratorios relojeros en el Centro Suizo de Electrónica y Microtécnica (CSEM), la creación de institutos de investigación y formación en microtécnicas en las universidades, la puesta en marcha de programas de formación específicos en ingeniería de microtécnicas en las escuelas técnicas superiores de la región y la participación en programas de cooperación con el exterior (programas de I + D europeos, colaboraciones transfronterizas) han contribuido innegablemente a relanzar la dinámica de la economía local.

El proceso de innovación implica una combinación de un conjunto de funciones (investigación, desarrollo, elaboración de prototipos, inversión industrial, comercialización), que exigen diferentes recursos (saber hacer, información, capital físico y financiero) y que inevitablemente es multisectorial y tiene un carácter multilocal, pero muy abierto al exterior (como es la participación de sus instituciones de investigación como el CSEM en los programa europeos de I + D) con el fin de enriquecer su potencial de información y de recursos. Este entorno es relativamente homogéneo y está basado en una cultura técnica y de valores comunes a todos los actores susceptibles de participar en los procesos de innovación.

Fuente: Maillat *et al.*, 1995

La noción de entorno local tiene tres rasgos que le diferencian. En primer lugar, hace referencia a un territorio, sin fronteras precisas pero que forma una unidad, que no sería el mero soporte de los recursos, de las actividades productivas y de las relaciones económicas y sociales, sino, más bien, el lugar en el que los actores locales se organizan, utilizan los recursos materiales e inmateriales, y producen e intercambian bienes, servicios y conocimientos.

Los actores locales (los habitantes, las empresas, los organismos públicos, los poderes locales) forman, además, una red a través de las relaciones (sociales, comerciales, tecnológicas, políticas, administrativas) y contactos, con los que se establecen los vínculos de cooperación e interdependencia. La propia lógica de este tipo de organización permite a los actores del entorno local cooperar para innovar y para competir. Un entorno local contiene, por último, procesos de aprendizaje colectivo que le permiten responder a los cambios del entorno a través de la movilidad del trabajo en el mercado local, los intercambios de tecnologías de producto, proceso, organización y comercialización, la provisión de servicios especializados, los flujos informales de información sobre productos y también sobre los códigos, lenguajes, rutinas o las estrategias de los actores.

Aydalot (1986) añade que los entornos locales funcionan como incubadoras de las innovaciones. Debido a que las empresas son los elementos decisivos en los procesos de creación y difusión de las innovaciones, y dado que no son agentes económicos aislados sino que forman parte de entornos locales específicos, la creación y difusión de las innovaciones dependería de la organización del territorio, de la interacción de los agentes, de la dinámica de aprendizaje y, en suma, de la propia historia económica y tecnológica local. La innovación sería, por lo tanto, el producto de un proceso de aprendizaje colectivo.

La creatividad de las empresas y de los individuos está condicionada por el entramado institucional y la cultura del entorno; por ello, tanto los descubrimientos como la difusión del conocimiento se ven afectados por la tradición y el conocimiento acumulado en las empresas y en el territorio. Gutenberg, por ejemplo, cuando inventó la imprenta se fijó en cómo los vinateros de su región prensaban la uva para producir vino. Si él hubiera vivido en otro entorno, como comenta Aydalot (1985), hubiera resuelto el problema de forma diferente a como lo hizo, ya que su imaginación se hubiera inspirado en otras experiencias.

Así pues, la aportación más original de la noción de entorno local consistiría en haber puesto de manifiesto la relación entre territorio e innovación a través de las empresas, lo que permite argumentar que el desarrollo tiene un carácter territorial. Las innovaciones y el cambio tecnológico surgen en el territorio y están asociados con el saber hacer local, la cualificación de los recursos humanos, las instituciones de conocimiento que realizan investigación y desarrollo (Maillat, 1995).

La creación y difusión de las innovaciones es un fenómeno que se basa en las relaciones y la interacción de las empresas con el entorno. La problemática de las empresas, de la economía y de la sociedad, la capacidad innovadora de las empresas y la cultura creativa y productiva del entorno, la historia económica y tecnológica del lugar, son factores que condicionan los procesos de aprendizaje y la respuesta de las empresas y organizaciones a los desafíos de la competitividad, en un momento histórico determinado.

Pero el tipo de relaciones que puede establecer la empresa innovadora con el entorno, es decir la densidad y la calidad de las relaciones, es decisivo en el proceso de innovación. En este sentido, la integración de la empresa con su entorno será tanto mayor cuanto más estrechas y continuadas sean las vinculaciones (asociación entre empresas y con los demás actores locales por ejemplo) y tanto menor cuanto más ocasionales y dependientes sean, por ejemplo, cuando la subcontratación esté muy extendida.

4.5 Los procesos de innovación en los sistemas productivos

La teoría de los entornos innovadores y los modelos interactivos, en general, sostiene que la innovación de los sistemas productivos locales se basa en la cooperación entre las empresas e instituciones que configuran el tejido social e institucional del territorio. Desde esta perspectiva, la innovación consiste en un proceso de aprendizaje entre los actores del entorno en el que las empresas toman las decisiones de inversión y localización (Cooke y Morgan, 1998).

Se trata, entonces, de un proceso de aprendizaje enraizado en la sociedad y en el territorio, a través del que se intercambian y transfieren conocimientos codificados (que figuran en las "recetas" de producción) y conocimientos tácitos (incorporados en los recursos humanos), con conocimientos que existen en la red de empresas, y que se difunden como consecuencia de las relaciones entre los actores. Es decir, los procesos de cambio tecnológico serían procesos interactivos y no procesos lineales de innovación.

Ahora bien, las empresas de un sistema productivo o un distrito actúan con estrategias de innovación muy diversas. Las empresas que toman decisiones de inversión que incorporan innovaciones son, en la práctica, un número pequeño. Siguiendo a Asheim y Isaksen (1997) se puede establecer la siguiente diferenciación:

- Empresas innovadoras líderes, capaces de desarrollar nuevos productos, procesos o mercados como consecuencia de la creatividad y habilidad de un empresario y de la organización empresarial.
- Empresas innovadoras, cuya capacidad creadora se concentra en la introducción de pequeños cambios y mejoras en los productos o procesos existentes, como reacción a la necesidad de mejorar el posicionamiento en mercados donde aumenta la competencia.
- Empresas no innovadoras que no realizan ningún tipo de innovación porque trabajan para mercados cautivos o informales, en los que la innovación no es un factor de competitividad.

Las estrategias tecnológicas de las empresas y el propio proceso de innovación de los sistemas productivos locales están condicionados por el contexto sectorial. Como sostiene Dosi, existen grandes diferencias en las oportunidades, incentivos, inversiones en I + D y procedimientos de innovación entre las diferentes industrias, por lo que según el tipo de actividad productiva, las características del proceso de innovación cambian. Pero además, cada actividad productiva tiene una cadena de valor diferente, que determina su organización interna y sus relaciones con otras actividades, lo que condiciona el tipo de innovaciones que se introducen en la cadena principal y en los componentes de la cadena de valor, la jerarquía de las innovaciones y la transferencia de tecnología.

Si se clasifican los sistemas productivos en función de la actividad que realizan, se puede encontrar una gran diversidad de situaciones. En los distritos, cuyas actividades dominantes son las que usualmente se denominan actividades de alta tecnología (industria electrónica, biotecnología, industria farmacéutica, actividades aeroespaciales), el proceso de innovación está vinculado a los avances científicos; las inversiones en innovación de producto son relativamente elevadas y la búsqueda de nuevos descubrimientos e innovaciones es central en la estrategia de las empresas (Saxenian, 1994).

Los sistemas productivos de alta tecnología se caracterizan por el hecho de que las empresas se mueven en un entorno de alta competitividad en el que la supervivencia es sólo posible gracias a la innovación continua y a la participación de la red de empresas del distrito en el proceso de innovación. Se trata de sistemas productivos en los que las estrategias empresariales se orientan a crear nuevos mercados introduciendo continuamente nuevos productos, por lo que necesitan experimentar con nuevos productos y nuevas técnicas, generar aprendizaje interno en las empresas y en el sistema en su conjunto, dando lugar a múltiples trayectorias tecnológicas.

Las innovaciones se producen en todos los segmentos de la cadena de valor de la industria (en el caso de la industria de computadoras, por ejemplo, en los microchips, aplicaciones del software, discos, pantallas, instrumentos para la creación de redes). Por ello, una sola empresa no podría innovar en todos los componentes de la hilera de producción, por lo que ha de apoyarse en otras empresas especializadas en actividades complementarias y, de hecho, trabajar conjuntamente, sintiéndose partícipe de una red de empresas innovadoras. Cada empresa tiende a especializarse en lo que es capaz de hacer y compra lo demás a empresas de la red del sistema productivo local; lo que no sólo permite reducir los costes de desarrollo y el tiempo de producción de las nuevas tecnologías, sino que, además, impulsa el desarrollo de las innovaciones de interés para la red de empresas.

Pero, cuando se analizan los sistemas productivos locales, lo más usual es encontrarse con distritos especializados en actividades tradicionales (como el textil, vestido, calzado, madera o los transformados metálicos). Frecuentemente, el proceso de innovación es imitativo y las inversiones en innovación se centran en la introducción de bienes de equipo, productos intermedios y nuevos materiales procedentes de empresas de otros sectores. De esta manera, las empresas locales materializan su capacidad creadora mediante un conjunto de mejoras realizadas en las plantas de fabricación y en las oficinas de gestión.

Los sistemas productivos de este tipo están formados por un conjunto de empresas adaptadoras de tecnología, bajo el liderazgo de un número reducido de empresas innovadoras, que compiten en mercados abiertos donde el coste de producción es importante, y en nichos de mercados en los que la diferenciación de la producción es estratégica. La estrategia tecnológica varía de unas empresas a otras, pero en todo caso, se dirige hacia innovaciones de tipo incremental.

- En ocasiones se trata de la adaptación de procesos y métodos de producción ya conocidos, mediante la instalación de nuevos equipos y sistemas informatizados, que aseguran la calidad y reducen costes.
- Cuando se realizan innovaciones de producto, unas veces se trata de diferenciar los productos locales para explotar nichos de mercado en los que se puede obtener una cierta ventaja competitiva, como el calzado STINGER para escalada libre de alta dificultad, que consiste en una innovación de producto lanzada al mercado en 1997 por la empresa Boreal de Villena (Alicante), o los sistemas MKS y FLOT de amortiguación para botas de fútbol y zapatillas de atleta, que desarrolló en la segunda mitad de los noventa la empresa Kelme de Elche. Otras veces, se trata de la mejora y adaptación de productos en los mercados en los que se está presente (por ejemplo, a través de nuevos diseños) y, en ocasiones, se tratan de obtener economías de diversificación, mediante la fabricación de nuevas gamas de productos para mercados en expansión, como sucede con los toboganes y columpios de plástico realizados por la empresas Feber de Ibi, Alicante, especializada en juguetes, que ha ampliado su actividad a equipamientos para zonas de juegos de guarderías y de jardines de viviendas particulares.
- Por último, las innovaciones de mercado de las empresas locales se orientan a la introducción de nuevos métodos y técnicas de promoción y de distribución de los productos, como los sistemas de inspección de tejidos de visión artificial que han desarrollado empresas que forman parte del sistema productivo del textil de Alcoy, Alicante, especializa-

do en la producción de textil-hogar, en colaboración con el Instituto Tecnológico AITEX; o los procesos innovadores de tintado en cable y doble tintado que proporcionan colores más vivos y no destiñen.

El objetivo de las estrategias de las empresas innovadoras es aumentar su productividad y competitividad, así como mejorar el posicionamiento en los mercados. Para ello, a través de la introducción de innovaciones incrementales buscan reducir los costes de producción, mejorar la calidad de los productos, ajustar el producto a las exigencias de la demanda y, en definitiva, hacer más rentable el proceso productivo, aumentando los resultados económicos a corto y largo plazo. Las innovaciones surgen básicamente dentro de las empresas y en todo caso en el ámbito local, aunque en ocasiones los clientes y proveedores de fuera del distrito pueden ser un catalizador desencadenante del proceso de innovación.

4.6 Desarrollo del conocimiento

La innovación es una de las fuerzas del desarrollo, que se genera como consecuencia de las decisiones de inversión de las empresas insertas en un entorno de creciente competencia en los mercados, y que afecta directamente al comportamiento de la productividad y a los rendimientos de la economía.

Todos los mecanismos de introducción de innovaciones contribuyen directamente al crecimiento sostenido de la productividad del sistema económico y al desarrollo a largo plazo de la economía. Pero su impacto es mayor que el que pudiera parecer, debido al efecto sinérgico de la suma de los efectos que inciden sobre cada una de las empresas que forman el sistema productivo, debido a que la difusión del conocimiento en la red de empresas genera economías inducidas, de carácter indirecto, sobre cada una de las empresas que se relacionan con las empresas innovadoras. El conocimiento pasa de unas a otras a través de los intercambios de bienes y servicios, del aprendizaje interactivo entre clientes y proveedores, del flujo de mano de obra entre las empresas y del conjunto de demandas y demás relaciones que se establecen entre ellas.

Pero la difusión de las innovaciones y del conocimiento sobre el sistema productivo y sus efectos sobre la productividad y el crecimiento no es un proceso que funcione por igual en todo tipo de economías y en todas las fases del proceso de desarrollo. Por ello, las iniciativas que impulsan la difusión de las innovaciones se han convertido en uno de los ejes de la nueva política de desarrollo.

En tal sentido, en Europa se produjo una fuerte proliferación de los parques tecnológicos, sobre todo a partir de los años ochenta. En el Reino Unido, después de la creación pionera de los de Cambridge (en 1973) y Heriot-Watt en Edimburgo (en 1974), su difusión tuvo lugar durante los años ochenta (tres, en 1980; veinte, en 1985; cuarenta a finales de los años ochenta). En Alemania, el primer parque tecnológico se construyó en 1984 y a partir de entonces se produjo una rápida expansión por todo el país. Lo mismo sucedió en España, después de la construcción de Zamudio, Bilbao, en 1985.

En la década de los años ochenta se consolidó una primera generación de centros especializados en la creación y difusión de las innovaciones que respondían a las demandas y necesidades de las empresas locales en la fase de reestructuración productiva; como sucedió con las agencias privadas de transferencia de tecnología en Baden-Württemberg y los institutos tecnológicos de Valencia, que se convirtieron en uno de los instrumentos más innovadores de la nueva política de desarrollo de la época.

En América Latina, las acciones dirigidas a mejorar la difusión de las innovaciones y el conocimiento no tienen, por el momento, el desarrollo que han tenido en Europa y Asia desde principios de los años ochenta. Pero las iniciativas de formación y capacitación de los recursos humanos constituyen una de las líneas maestras de la política de desarrollo. Por ejemplo, en Medellín, Colombia, la Corporación Paisajoven, con apoyo de la agencia alemana GTZ, ha establecido un sistema de formación profesional a partir de los oficios y especialidades más demandados por los empresarios, que se han identificado a partir de un estudio.

En Asia, tanto en los países desarrollados como en los países emergentes la política tecnológica está en el centro de los programas de desarrollo. En Japón, las políticas de fomento de la tecnología en los años ochenta se orientan a promover el cambio estructural en las regiones subdesarrolladas, a través del apoyo a actividades de alta tecnología en localizaciones periféricas. En China, el Parque Científico y Tecnológico de Zhong Guan Cun de Pekín, se ha convertido, a partir de 1999, en un ejemplo de cómo combinar formación con investigación científica y ambas con la creación y difusión de innovaciones. En su parte central se localizan 2.400 empresas y centros públicos, producto de las inversiones de empresas multinacionales como IBM, Microsoft, HP, Oracle, Siemens, Motorola, NTT, Fijitsu, Panasonic, Samsung, y Mitsubishi, entre otras.

En Malasia, por último, el Parque Tecnológico de Malasia (MTP), situado en el Multimedia Super Corridor, a las afueras de Kuala Lumpur, se creó en 1996 como un instrumento para contribuir a convertir Malasia en una economía orientada a la producción de bienes y servicios de alta tecnología e intensivos en conocimiento. Este complejo proporciona servicios e infraestructuras de calidad que estimulan la innovación tecnológica, a la vez que permiten el desarrollo de la industria y empresas competitivas que incorporan conocimiento. Brinda servicios técnicos y financieros a las iniciativas empresariales que desean transformar una idea innovadora en una empresa, presta facilidades para la realización de proyectos de investigación a través de su división de biotecnología (en las áreas de biología molecular, bioquímica, farmacología y ciencias de la alimentación), facilita servicios de formación orientados a la tecnología, en las áreas de ingeniería, biotecnología y tecnología de información, y provee de suelo equipado y servicios a las empresas que desean localizarse en un entorno orientado a la economía del conocimiento.

A partir de los años noventa se están produciendo cambios importantes en las políticas de innovación (Asheim *et al.*, 2003). Las empresas continúan demandando los servicios ofrecidos por los centros tecnológicos de primera generación (como son el control de calidad, la certificación técnica, la comprobación de la resistencia de materiales o la formación de sus empleados). Pero el aumento de la competencia les crea nuevas necesidades, ya que tienen que dar respuestas cada vez más rápidas y competitivas, por lo que las empresas demandan nuevos servicios para ayudarles en la formación de redes para la competencia global y para enseñarles a mejorar sus procesos innovadores.

El proyecto SMEPOL de la Unión Europea, que ha hecho un balance de la situación actual de los instrumentos de la política tecnológica, ha identificado los siguientes tipos de centros: las unidades de transferencia de tecnología de las universidades, los más frecuentes en Europa, que facilitan servicios a las empresas para mejorar la calidad de sus recursos; los centros de empresas e innovación, como los impulsados por la Comisión Europea, que tratan de que las empresas aprendan a innovar desde su origen; los institutos tecnológicos, como los de Valencia, que pretenden adecuar el entorno de las empresas locales a través de iniciativas que mejoren la calidad de los factores productivos y, por último, la nueva generación de centros de competencia global como el Centro de Innovación de Limburg (Knowledge-intensive Industry Clustering).

Los nuevos centros de competencia global, que tienden a extenderse cada vez más, pretenden incidir en el proceso de aprendizaje dentro de las empresas y entre las empresas, extendiéndolo a los demás actores que forman el sistema territorial de innovación. Una de sus líneas estratégicas es mejorar los recursos humanos de las empresas y transferir el conocimiento tácito necesario para estimular la innovación. Además, para conseguir impulsar los mecanismos de creación y difusión de las innovaciones, se orienta a apoyar la formación de redes y la cooperación entre los centros de investigación y las empresas, de tal forma que se produzca interacción creativa entre las instituciones y las empresas y se generen procesos de aprendizaje dentro de las empresas y las organizaciones de cada territorio.

5. Desarrollo urbano del territorio

La ciudad es, y ha sido siempre, el espacio central de los cambios del sistema económico y productivo y de la reorganización del sistema institucional. De ahí que, el crecimiento de la renta (de la inversión y del empleo), el cambio estructural y los procesos de innovación estén asociados con el desarrollo urbano. Por ello, se puede decir que las ciudades desempeñan y han desempeñado un papel estratégico en la evolución de las sociedades y en el desarrollo económico en todos los periodos históricos.

Los factores que hacen de las ciudades el espacio nuclear de los procesos de crecimiento económico son precisamente aquellos que caracterizan los procesos de desarrollo endógeno. Las ciudades propician la proximidad entre las empresas y los actores, favorecen la diversidad en la producción, fomentan la interacción y la formación de redes, crean lugares de encuentro entre todo tipo de actores, y estimulan los procesos de innovación.

La globalización económica y la descentralización en la toma de decisiones empresariales y políticas, están acelerando el proceso de urbanización, hasta el punto de que en el año 2025 se estima que la población urbana alcanzará los dos tercios de la población mundial. Las ciudades y las regiones urbanas responden a estos retos vinculando los procesos de ajuste productivo y organizativo a la mejora continua de los recursos específicos que producen una mayor atracción y a la potenciación de las relaciones con otras ciudades. Estos fenómenos explican por qué las jerarquías urbanas, fundamentadas en el tamaño de los asentamientos, tienden a debilitarse y por qué aparecen otras nuevas, relacionadas con la formación de redes de ciudades y con las funciones que realizan en el sistema urbano; mecanismos que se ven reforzados por las nuevas infraestructuras de transporte y comunicaciones.

5.1 La ciudad, espacio del desarrollo

Lasuén (1976) señala que una de las cuestiones clave de la teoría del desarrollo consiste en responder a esta pregunta: ¿en dónde se localizan las inversiones? La evidencia empírica responde que las inversiones tienden a localizarse en las ciudades, por lo que se ha interpretado que existe una relación directa entre desarrollo económico y urbanización.

Las evidencias históricas muestran que el crecimiento sostenido de la renta por habitante ha ido acompañado de mayores niveles de urbanización, sobre todo, en las primeras etapas del desarrollo industrial. No es hasta el siglo XX, sin embargo, cuando el fenómeno de la urbanización toma fuerza y se generaliza, como lo indica el hecho de que hasta principios de siglo, Francia y Japón fueran países rurales (tasas de población rural del 60% y de más del 80%, respectivamente).

Una explicación sencilla del proceso de urbanización puede darse en términos del desarrollo industrial que se produce a partir de la revolución industrial en Inglaterra. El aumento de la productividad en la agricultura y en la industria (estimulada por la introducción de innovaciones) y los cambios en la demanda (asociados con el aumento de la renta) tienden a producir un crecimiento progresivo de la demanda de bienes manufacturados y, por consiguiente, de la producción urbana, lo que crea nuevas oportunidades de trabajo en las ciudades. Los flujos migratorios y los movimientos de recursos de las áreas rurales a las ciudades habrían dinamizado el proceso de urbanización.

La ciudad se ha ido convirtiendo en un espacio preferente para el desarrollo de las economías. La proximidad de empresas y actores facilita los intercambios en buenas condiciones económicas; la diversidad del sistema productivo potencia la dinámica económica; la interacción entre las empresas y actores facilita las negociaciones y los acuerdos entre ellos, así como la difusión de la información; y la concentración de recursos humanos e institucionales, unida a la presencia de servicios a las empresas convierten a las ciudades en espacios para la creación y difusión de las innovaciones, lo que estimula el aprendizaje de la cultura emprendedora y competitiva por parte de los individuos y de las organizaciones.

i) La proximidad y las relaciones en la ciudad

Los procesos de desarrollo se ven favorecidos cuando las empresas y los sistemas productivos localizados en la ciudad son capaces de utilizar las economías que se producen como consecuencia de la proximidad y la cercanía de los actores. Uno de los principios que explican la razón de ser y el funcionamiento de la ciudad es la capacidad de crear economías de aglomeración, que mejoran los resultados de las empresas al reducir los costes de producción, los costes de coordinación y los costes que generan las transacciones e intercambios.

Ante todo, las empresas industriales y de servicios cuyas actividades productivas se llevan a cabo en las ciudades, se benefician de las economías asociadas con la interacción económica con las empresas cercanas, con la accesibilidad a materias primas y otros recursos de sus proveedores urbanos, y con la facilidad de los intercambios con las demás empresas urbanas.

Además, las empresas que se localizan en las ciudades gozan de las ventajas de proximidad, lo que les permite reducir los costes de transporte de materias primas y de productos. Precisamente, durante décadas, ésta ha sido una de las economías principales que las ciudades proporcionaban a las empresas, y continúa siendo relevante aunque, en la actualidad, se ha reducido la importancia de los costes de transporte en los costes de producción.

En todo caso las ciudades, sobre todo las grandes ciudades, favorecen los intercambios, toda vez que abaratan los costes de transacción y de intercambio. La proximidad geográfica, el conocimiento y la relación personal entre empresarios, directivos, técnicos y trabajadores facilitan las relaciones en todo tipo de mercados. En el mercado de trabajo tienden a reducirse los costes de búsqueda, al poder coincidir más rápidamente la oferta de trabajo cualificado y las demandas específicas de las empresas y demás organizaciones; en el mercado de servicios es posible encontrar con mayor facilidad servicios raros o nuevos que permitan mantener o mejorar la competitividad de las empresas. Por último, en la ciudad es más fácil encontrar la complementariedad entre inversiones en capital físico y capital humano, lo que mejora los resultados de las inversiones.

ii) La diversidad de la ciudad

La diversidad productiva, comercial y cultural de la ciudad es una de las características que atraen a las empresas y los trabajadores. En una ciudad existe una amplia variedad de actores, de actividades, de mercados que facilitan la interacción, activan la formación de economías y propician el desarrollo endógeno.

La diversidad de las actividades económicas hace aumentar las economías que se derivan de la disponibilidad de mercados compartidos de recursos y factores productivos, de la reducción de los costes de transacción, de la mayor diferenciación de materias primas y productos acabados y de la reducción de la inestabilidad en los mercados (Quigley, 1998).

La diversidad en el mercado de trabajo produce importantes ventajas en la economía local. Facilita la división del trabajo en las empresas y entre las empresas, lo que hace más eficiente y competitivas a las empresas y al sistema productivo local. Favorece la capacidad de negociación de los trabajadores, lo que les permite beneficiarse de los resultados positivos de las inversiones. En resumen, empresas y trabajadores se benefician de la especialización de la mano de obra que se genera en los mercados diversificados.

Todo ello confluye en la dirección de que el crecimiento y desarrollo de las ciudades tiende a fortalecerse como consecuencia de la diversidad. Sin duda, se genera un entorno propicio para el surgimiento de economías de las que pueden disfrutar las empresas, principalmente las localizadas en las ciudades con mercados variados. Pero, además, la diversificación de servicios y de actividades económicas en general y, sobre todo, de mercados proporciona una mayor variedad de opciones en los intercambios y reduce la necesidad de las empresas y de las demás organizaciones competidoras locales a tener que utilizar recursos externos.

iii) Interacción e intercambio de ideas en las ciudades

Pero la ciudad, además, es el lugar de interacción por excelencia. Los lugares de encuentro de los decisores económicos, políticos y sociales, de los técnicos y los trabajadores están, normalmente, en la ciudad. En ella se localizan las oficinas de las administraciones y las sedes de las empresas en las que se toman las decisiones de inversión, los centros de formación y de investigación, los recintos feriales y de exhibición de productos, los lugares de ocio y de la cultura.

En estos lugares de encuentro se celebran las reuniones entre los actores siguiendo en sus relaciones códigos preestablecidos de conducta, formales e informales, como recuerda Maillat (1998). Las relaciones entre ellos favorecen la difusión de las informaciones y de las ideas, facilitan los intercambios y transacciones económicas, coadyuvan a la consecución de acuerdos y estimulan los mecanismos de conocimiento y cooperación entre las empresas.

El sistema de relaciones facilita la reducción de los costes de transacción e intercambio, la consecución, con mayor facilidad, de acuerdos que permiten obtener economías de escala en investigación, producción y mercados. En suma, la circulación de las ideas constituye una ventaja de las ciudades, análoga a la que proporciona la reducción de costes asociada con la movilidad de los trabajadores (Glaeser, 1998).

La ciudad es, en definitiva, un espacio de relación e intercambios que permite la formación de redes a través de las relaciones económicas, sociales y políticas. Se trata, sin duda, de redes de proximidad (espacial, cultural y organizativa) que se caracterizan por su densidad, apertura e informalidad, y que estructuran la ciudad. Las relaciones de red reducen la incertidumbre y facilitan los intercambios, por lo que garantizan mejores resultados económicos a las empresas y sistemas productivos locales.

iv) Innovación y aprendizaje en las ciudades

Pero quizás, la mejor garantía para la mejora de la eficiencia en la dinámica de las empresas y sistemas locales de empresas venga dada por la capacidad de las ciudades para propiciar el surgimiento de innovaciones, para favorecer los procesos de aprendizaje y, en definitiva, para favorecer la difusión del conocimiento por el tejido productivo local.

Los sociólogos (Weber, 1993) y los historiadores (Braudel, 1967) han aceptado desde antiguo que la ciudad es el lugar en el que nacen las innovaciones; mientras que los economistas (Lucas, 1988) relacionan la ciudad con la producción de las ideas que están detrás de los procesos de crecimiento. La ciudad, y más en general el sistema urbano, desempeña un papel estratégico en el proceso de generación y difusión de las ideas e innovaciones, porque reúne los recursos (humanos e institucionales), crea y acumula el conocimiento y la información, y proporciona el sistema de relaciones y de servicios que las empresas necesitan para competir e innovar, como pusieron de manifiesto Hoover y Vernon (1959) en su estudio ya clásico sobre la ciudad de Nueva York.

Además, las ciudades facilitan el proceso de aprendizaje. Conviene recordar que, cuando aumenta la competitividad en los mercados, la densidad urbana impulsa a los especialistas a aumentar el aprendizaje, impulsados por la necesidad de competir. Además, la acumulación de capital humano tiende a aumentar rápidamente en las ciudades, como consecuencia de que la gente aprende debido a la interacción y porque la mayor densidad de población en las ciudades acelera los niveles de interacción de la población. Por último, los sistemas urbanos disponen de centros que facilitan la difusión de la información y del conocimiento y, de esta forma, estimulan los procesos de aprendizaje en las empresas.

Es sabido que en las ciudades las ideas se difunden con facilidad, lo que hace pensar que, en realidad, la difusión del conocimiento y de la información y los mecanismos de propagación de los que habla la teoría del crecimiento endógeno se facilitan en los espacios urbanos. La movilidad de los trabajadores entre empresas permite transportar el conocimiento (y las innovaciones) por el sistema productivo local. Pero, además, la proximidad física que propician las ciudades facilita la comunicación y difusión de las ideas, por lo que parece acertado decir que las ciudades reducen el coste de la transmisión de las ideas e impulsan la difusión de las innovaciones y el conocimiento.

5.2 Las ciudades de los nuevos espacios industriales

De acuerdo con lo anterior, la conclusión del debate sobre urbanización y desarrollo parece clara. La ciudad es el espacio de los procesos de desarrollo y, cuando se analizan desde la óptica de las nuevas teorías del crecimiento económico y desde la perspectiva territorial, resulta evidente que en los fenómenos urbanos se potencian los mecanismos que estimulan los procesos de desarrollo.

Ahora bien, como se ha señalado en el primer capítulo, el escenario actual de competencia global (de empresas y ciudades) está definido por un conjunto de características que favorecen a las ciudades capaces de transformar los recursos y activos disponibles en ventajas competitivas. Así, después del declive de las ciudades y centros industriales durante los años setenta, se ha asistido al surgimiento y fortalecimiento de nuevos espacios industriales y de ciudades de servicios en los años ochenta y noventa.

¿Cuáles son las ciudades que lideran los procesos de transformación? ¿Qué papel desempeñan las grandes ciudades globales y cuál las ciudades de menor tamaño? ¿Hasta qué punto son importantes el escenario de globalización y las nuevas formas de organización de la producción?

Como señalan Sassen (1991) y Castells (2000), la creciente globalización, la introducción y difusión por todo el sistema productivo de una nueva ola de innovaciones (sobre todo, las relacionadas con las tecnologías de la información) y el aumento de la demanda de servicios, están en la base de la nueva dinámica económica y urbana. Si bien en unas pocas grandes ciudades se realizan las funciones de gestión y control de los procesos centrales de producción, el aumento de la flexibilidad de las empresas (y el desarrollo de los sistemas y redes de empresas), el cambio de las pautas de localización de las grandes empresas y las iniciativas de los sectores públicos locales y regionales, han provocado una nueva dinámica de funcionamiento del sistema de ciudades que lo hacen menos jerarquizado y, en todo caso, multipolar y policéntrico.

En la actualidad, el desarrollo urbano está condicionado por dos tendencias, contradictorias en cierta medida. De una parte, se advierte una creciente difusión de las actividades productivas, tanto industriales como de servicios, lo que ha convertido a las ciudades medias más competitivas e innovadoras en lugares preferidos de localización de actividades modernas. Por otro lado, se observa la tendencia a la concentración y centralización espacial de las funciones estratégicas de gestión y control y de los servicios especializados, sobre todo de los que satisfacen la demanda de las actividades productivas más globalizadas, lo que confiere a un número limitado de grandes ciudades un cierto liderazgo en la evolución de la economía global.

La formación de los nuevos espacios industriales (Scott, 1988) está ligada al aumento de la urbanización en todo tipo de ciudades, sean estas grandes, medianas o pequeñas, como puede observarse al analizar los modelos de organización territorial que se han ido consolidando en las dos últimas décadas.

Según cual sea el tipo de innovación, esto es, tecnología moderna cercana a la frontera tecnológica o alta tecnología (o si se prefiere innovaciones incrementales o radicales) y del carácter endógeno o exógeno de los recursos empleados (capacidad empresarial, recursos financieros), se pueden identificar cuatro tipologías de espacios industriales: modelo de excelencia o de alta tecnología, polos tecnológicos, polos de desarrollo y sistemas locales de empresas, que a su vez se relacionan con diversos tipos de ciudades como espacios de localización preferente.

a) Los *modelos de excelencia*, que se caracterizan por ser sistemas productivos formados por redes de empresas que producen bienes nuevos o utilizan nuevos métodos de producción y organización, han surgido en ciudades y regiones urbanas a partir de su propio potencial de desarrollo. Su nacimiento

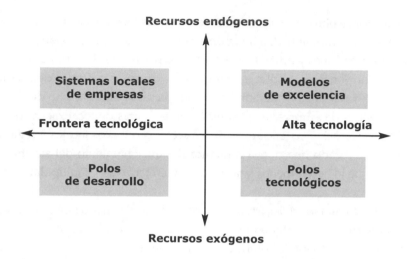

Figura 5.1. Los nuevos espacios industriales

y consolidación se ha producido gracias a la disponibilidad de recursos humanos cualificados y capacidad empresarial, la existencia de centros de I + D, la disponibilidad de adecuadas infraestructuras de transporte y comunicaciones y, además, el funcionamiento eficaz del sistema institucional.

Algunos ejemplos, como el Cambridge Scientific Park, el Silicon Valley en el área de San Francisco, la Route 128 en Boston, el área de Múnich en Baviera, la Ciudad Científica de París, o los *milieux* innovadores como el Jura suizo, indican que las grandes aglomeraciones urbanas, pero también las ciudades medias, han actuado como catalizadores de algunas de las actividades más dinámicas del sistema productivo en las últimas décadas. Se trata de ciudades innovadoras antiguas, pero también, de centros modernos en los que la producción se organiza a través de redes de empresas.

b) Los ***polos tecnológicos*** constituidos por aglomeraciones (o si se prefiere, *clusters*) de empresas de alta tecnología que se han formado como consecuencia de la localización de empresas innovadoras en espacios que disponen de mano de obra cualificada, en los que existen centros de I + D y buenas instituciones de formación e investigación, que están cerca de los mercados de productos nuevos en expansión y en donde, eventualmente, se dan fuertes incentivos financieros a la localización de empresas.

Entre otras experiencias de este tipo, pueden citarse el caso de la industria aeronáutica de Toulouse, el de la industria de circuitos integrados en

Minneapolis-St. Paul, Filadelfia o Tucson, las actividades aeronáutica, de software y bioquímica en Seattle, o la "reproducción del Silicon Valley" en Singapur (de la mano de Conner Peripherals y Hewlett Packard y de algunas empresas europeas como Thomson-SGS). Todas estas ciudades son, en general, ciudades de dimensión media que se han ido especializando durante las últimas décadas en actividades de alta tecnología, como consecuencia del fuerte atractivo que sus recursos ejercen sobre las empresas líderes en las producciones de alta tecnología.

c) Los ***polos de desarrollo***, entendidos como conjuntos (*clusters*) de empresas de tecnología moderna (innovaciones incrementales), se han formado como consecuencia de la localización de plantas de empresas procedentes de otros territorios atraídas por el relativo bajo precio de los factores de producción (como el suelo equipado, la mano de obra), el efecto de las deseconomías de urbanización en localizaciones previas y la existencia de fuertes incentivos financieros de algunas ciudades de carácter periférico. En unos casos la concentración se ha producido como consecuencia de políticas económicas específicas y en otros por decisiones de localización de las propias empresas.

En las últimas décadas se ha producido un cierto renacimiento de las políticas de polos en la Unión Europea. En Italia, por ejemplo, han surgido acuerdos de planificación entre el estado y las empresas, con la consiguiente localización de plantas en ciudades de regiones periféricas como sucede con Olivetti e IBM en Bari. En España, se han producido casos de decisiones de localización e inversión en regiones atrasadas, como son los casos de Unilever, Unicable y Levis en Olvega (pequeña localidad de la provincia de Soria, de tres mil cien habitantes en 1991) o en regiones en declive industrial, como la localización de la Du Pont en Asturias (en la zona en reconversión de la industria siderometalúrgica).

d) Por último, los ***sistemas locales de empresas*** han surgido y se han consolidado como consecuencia de procesos de industrialización endógena, como muestran los casos existentes en los países de desarrollo tardío de Europa y América Latina y en los países emergentes de Asia, a los que se ha hecho referencia anteriormente.

Un rasgo que caracteriza a los sistemas productivos locales es que surgen y se desarrollan en ciudades medias y pequeñas que disponen de capacidad emprendedora. Marshall menciona los distritos metalúrgicos de Shefield y Solingen y los centros de producción de tejidos de algodón en el Lancashire.

Fuà subraya la vinculación de los procesos de industrialización difusa con la *Italia dei Comuni* y Costa Campi sitúa los sistemas productivos locales españoles en ciudades medias y pequeñas. Lo mismo ocurre con los sistemas productivos locales de Rafaela en Argentina, de Santa Catarina en Brasil, de León en México, o de Agra en India.

En resumen, los nuevos espacios industriales están anclados en ciudades de tamaños diferentes, que concentran funciones innovadoras y que, en ocasiones, son antiguos centros productivos, tecnológicos y políticos (París, Londres, Boston, los distritos industriales italianos), pero, en ocasiones, ejercen las funciones de centralidad internacional por primera vez (San Francisco, Múnich, Singapur). En todo caso, la producción en estos espacios tiende a adoptar nuevas formas flexibles de organización, a través de redes de empresas y de ciudades.

5.3 Las ciudades de servicios de la economía globalizada

Si los nuevos espacios industriales indican nuevos senderos en el proceso de desarrollo y urbanización, el aumento de las actividades de servicios, o si se prefiere la tercerización de la economía profundiza aún más en la dimensión urbana del desarrollo económico. La expansión de los servicios y, en paralelo, de las ciudades como lugares de producción, se debe no sólo al aumento de la demanda de servicios al consumo, públicos y privados, sino también a que las nuevas formas de organización de la producción (más flexibles y dispersas) se apoyan en la proximidad de servicios a la producción y en la creación de nuevas actividades de servicios que faciliten la mayor integración del sistema productivo en el territorio.

La contribución de los servicios al desarrollo económico se produce, fundamentalmente, a través de tres vías: la exportación de servicios producidos en la ciudad (turismo, servicios de información, servicios a la producción), la venta de servicios personales a la población local (como los de ocio, asistencia sanitaria o servicios comerciales), y la producción de servicios que favorecen la competitividad global de las empresas (sean especializados como los de marketing, asistencia técnica a las empresas o consultoría, o ubicuos como los servicios financieros o de seguros).

Uno de los rasgos que caracterizan la globalización es el aumento de la especialización de las ciudades en servicios a las empresas, lo que suele implicar la concentración de servicios concretos en un número reducido de ciudades. Las actividades de servicios, en particular los más avanzados, tienden a concentrarse en las grandes ciudades y en las regiones urbanas más desarrolladas. Pero esta generalización debe matizarse en el sentido de que en las ciudades medias y en las áreas de difusión industrial, los servicios a la producción y los de comercio y ocio, se han desarrollado a un ritmo creciente durante las últimas décadas.

Las grandes ciudades y las regiones urbanas ejercen una fuerte atracción para las empresas de servicios financieros y de servicios a las empresas. Las funciones más dinámicas del terciario avanzado (como marketing, diseño, asistencia técnica, I + D, información) han adquirido un gran impulso ante la necesidad de satisfacer la demanda creciente de servicios empresariales. Hall (1991) indica que, a principios de los años noventa del siglo XX, en Londres se concentraba el 93% de las sedes de las empresas de servicios del Reino Unido, en París el 70% de las de Francia, en Roma el 67% de las de Italia y en Francfort el 53% de las de Alemania.

Pero en los últimos años la presencia de los servicios a la producción en las ciudades medias tiende a aumentar. No es sólo el caso de algunas ciudades europeas como Zúrich o Francfort, que han alcanzado una alta especialización en servicios financieros, o de Bristol, Lyón y Edimburgo, donde los servicios a las empresas crecen autónomamente, sino también se trata de que algunos de los servicios a la producción siguen a las empresas industriales. Así, durante las últimas décadas, en las ciudades cuyo proceso de desarrollo económico se basa en el modelo de industrialización endógena, como sucede en los distritos industriales españoles e italianos, los servicios a las empresas han adquirido un gran dinamismo.

Finalmente, los cambios institucionales han producido un aumento sensible del empleo en los servicios públicos y asistenciales en las ciudades medias. La reorganización de la administración (como consecuencia de la creación y desarrollo del estado regional en España y en Italia, o la descentralización en Francia), que ha llevado consigo el aumento de las competencias de las administraciones locales y regionales, ha desconcentrado los servicios públicos de las ciudades capitales nacionales y ha fortalecido la centralidad de algunas ciudades medias, impulsando no sólo los servicios públicos, sino también la localización de empresas de servicios a la producción y de servicios de transporte.

A su vez, la integración económica y la formación de la Unión Europea tiende a descentralizar algunas de las funciones tradicionales de las grandes capitales y, en todo caso, propicia una nueva dinámica en el sistema europeo de ciudades. Se ha producido una fuerte competencia entre las ciudades de la Unión para atraer la localización de algunas agencias y servicios (en Alicante, la Oficina de Patentes; en Turín, la Agencia de Formación y Empleo; en Lyón, la Televisión Europea; en Copenhague, la Agencia del Medioambiente; en Vigo, recientemente, la Agencia Comunitaria para la Gestión de los Recursos Pesqueros), lo que arrastra nuevas localizaciones y fortalece la centralidad de ciudades de diferente tamaño.

Por último, el proceso de globalización, la desregulación en los mercados financieros y la integración de los mercados mundiales no sólo ha contribuido al desarrollo de las actividades de servicios en las grandes metrópolis de las economías avanzadas, sino también en algunas ciudades internacionales como São Paulo, Buenos Aires, Kuala Lumpur, Singapur y Ciudad de México. Se trata, sin duda, de un aumento de la oferta de nuevos servicios a las empresas internacionales y globales, pero también de aquellos que satisfacen las demandas de consumo y ocio de origen internacional, generadas por la integración de los mercados.

En resumen, las nuevas tendencias que han surgido como consecuencia del ajuste de los procesos de acumulación y de regulación han puesto en marcha fuerzas contradictorias. De una parte han aparecido fuerzas concentradoras, asociadas principalmente con el desarrollo de los servicios de dirección y control y, por otro lado, el movimiento difusor se ha fortificado, como consecuencia de los procesos de reestructuración de las actividades industriales y de servicios a las empresas. Dado que no todas las actividades industriales y de servicios siguen el mismo modelo de organización espacial, los nuevos procesos han abierto a ciudades de diferente tamaño diversas sendas específicas para su desarrollo económico.

5.4 De la jerarquía urbana a la red de ciudades

La discusión sobre los factores urbanos que facilitan el desarrollo endógeno y los recientes procesos de desarrollo y urbanización, es inequívoca en su conclusión sobre la diversidad de los sistemas urbanos. La disponibilidad de recursos, el potencial de desarrollo y la capacidad de atracción de inversiones difieren de unas ciudades a otras, por lo que el surgimiento y consolidación de las funciones urbanas avanzadas estarían, cuando menos, fuertemente condicionados por la organización del sistema urbano.

Existe, sin embargo, una cierta indeterminación a la hora de precisar qué factores son los determinantes. Las posiciones de los que mantienen que existe una jerarquía única en el sistema de ciudades, basada en la dimensión urbana, no parece que gocen hoy de la misma aceptación que antaño (Richardson, 1973). Más bien, desde la perspectiva económica, lo realmente importante son las funciones económicas, tecnológicas y administrativas que realizan las ciudades, lo que no depende del tamaño sino de los recursos con los que la ciudad cuenta, como demuestra el hecho de la gran diversidad de modelos urbanos basados en la historia, la cultura y el funcionamiento de las instituciones de cada ciudad o región.

Durante décadas, la tesis de que el desarrollo se difunde a través de la jerarquía urbana gozó de gran audiencia. Según esta visión, los procesos de crecimiento económico se producirían como consecuencia de la difusión espacial de las innovaciones, a través del sistema de ciudades. En las grandes ciudades se localizan las actividades productivas modernas y se crean y concentran las innovaciones; posteriormente, se difunden a los centros urbanos regionales y, por último, a las localidades periféricas.

La teoría de la jerarquía urbana y de la difusión jerárquica de las innovaciones es una interpretación que no explica suficientemente los hechos y los procesos que caracterizan a los sistemas urbanos en la actualidad. Las proposiciones que sostiene la teoría de la jerarquía urbana son difíciles de validar, debido a que el entorno del sistema urbano está sometido a cambios continuos de difícil predicción, que han reducido el carácter jerárquico de las organizaciones económicas y sociales (Pedersen, 1970; Berry, 1972).

En realidad, el nivel jerárquico del sistema urbano tiende a suavizarse como consecuencia de la aparición de elementos antijerárquicos en los nuevos procesos económicos y territoriales.

1. En primer lugar, como se ha indicado anteriormente, las actividades industriales y de servicios se localizan en ciudades y regiones urbanas de tamaño diferente, de países desarrollados y emergentes.
2. La reducción de la dimensión óptima de las plantas de producción, la introducción de innovaciones de organización y de proceso y la reducción de los costes de transporte valorizan territorios y localizaciones que hasta ahora las empresas no consideraban atractivos, lo que ha hecho que aparezcan cada vez más localizaciones de empresas en localidades periféricas.

3. Los modelos de especialización flexible (como las redes de empresas de alta tecnología y los sistemas productivos locales) se convierten en formas deseables de organización de la producción y, de esta manera, las ciudades y regiones urbanas, sobre todo de las regiones de desarrollo intermedio, adquieren un papel estratégico en los procesos de reestructuración productiva.

4. Además, como señalan Dieperink y Nijkamp (1988) para los Países Bajos (lo que se puede extender al resto de Europa), la interpretación que asume que las grandes ciudades crean y difunden innovaciones, no puede generalizarse a todo tipo de productos y de sectores. La adopción y difusión de las innovaciones depende de las características del entorno en el que las empresas realizan su actividad, como la disponibilidad de instituciones, la resistencia al cambio de la sociedad, el tipo de organización de la producción o el tipo de innovaciones, radicales o incrementales, por lo que parece demasiado restrictivo el modelo jerarquizado que propone la teoría de la jerarquía urbana.

5. El abandono de los criterios y principios de área de mercado, como consecuencia de la caída de los costes de transporte y de la difusión del automóvil, ha reducido la jerarquía del sistema de ciudades.

6. Las grandes ciudades, además, han ido incubando en las últimas décadas fuerzas que las hacen menos eficientes y atractivas. Los costes de vivir y producir en la gran ciudad tienden a crecer, debido a los altos precios de la vivienda y de los locales de negocio, a la necesidad de hacer continuos desplazamientos entre la vivienda y el lugar de trabajo, al deterioro del medio ambiente y el aumento de la polución, y a la disminución de la seguridad con el crecimiento de la delincuencia.

7. Por último, la identidad entre globalización y jerarquía urbana no parece que sea algo automático, ya que la integración reposa en la especialización de las ciudades que forman los sistemas urbanos, nacionales e internacionales, y en la organización del sistema urbano que tiende a adquirir la forma de red.

Pero, como indica Camagni (2005), no se puede negar la permanencia de factores jerárquicos en el sistema de ciudades:

• El proceso de globalización crea, como sugiere Castells (2000), espacios de poder económico, o mejor, como indica Sassen (1991), lugares (las ciudades globales) en los que se realizan las funciones de planificación y control global.

- Existen centros especializados en actividades productivas (como los servicios financieros o los de ocio) si bien no asociados con la dimensión, pero sí con la calidad de los recursos y la función.

- Algunos espacios se caracterizan por la mejor dotación de recursos (naturales, mano de obra cualificada, capital), lo que le confiere una mayor potencialidad relativa de desarrollo y provocan una atracción de inversiones y recursos procedentes de otras ciudades del sistema urbano.

Por lo tanto, existen fuerzas que tienden a hacer menos jerarquizados y más abiertos los sistemas urbanos y propician las relaciones horizontales entre las empresas y entre las ciudades, y a la vez, fuerzas que tienden a fortalecer la concentración de funciones avanzadas, de poder y de control global y, por lo tanto, las relaciones jerárquicas. Esta realidad contradictoria exige una interpretación más compleja del funcionamiento del sistema de ciudades y reemplazar el concepto de su organización en forma de pirámide por otro que incluya las relaciones horizontales, como es el de la organización en forma de red.

El sistema de ciudades puede entenderse en el momento actual, como sugiere Törnqvist (1986), como la suma de todas las formas de organización, antiguas y modernas, en el que se tienden a consolidar sistemas de organización urbana en red tanto en las regiones metropolitanas (a nivel intraurbano) como en los sistemas urbanos (a nivel interurbano). Existen ya algunos ejemplos como el Randstad (Amsterdam, La Haya, Rotterdam y Utrecht) en Holanda, los West Midlands (Coventry, Nottingham y Birmingham) en Inglaterra, el sistema urbano del Ruhr (desde Bochum a Düsseldorf y Bonn) en Alemania, la incipiente formación de una red de ciudades localizada en el delta del río de las Perlas en China (Hong Kong, Shenzhen, Macao, Zhuhai y Cantón), o las áreas metropolitanas de París y Lyón.

Cada centro urbano desempeña un papel específico en la red, según las funciones que realiza, el potencial de desarrollo que le caracteriza y, en definitiva, según su ventaja competitiva sostenible a largo plazo. Su papel específico viene determinado por su capacidad de satisfacer la demanda de bienes y servicios que los demás centros de la red no son capaces de proporcionar en mejores condiciones de rentabilidad. Pero ello no significa que el centro urbano tenga que tener una especialización absoluta; por el contrario, es conveniente que no sea así. En todo caso, cada ciudad desempeña en el sistema urbano las funciones que le permite su capacidad para competir con éxito en los mercados de la red.

La visión del funcionamiento del sistema urbano como una red de ciudades constituye una aportación que supera las limitaciones del modelo de jerarquía urbana única. Pero, como se ha indicado anteriormente, la organización actual del sistema de ciudades obedecería a un nuevo sistema de relaciones entre las ciudades, en el que confluyen formas jerárquicas con formas de cooperación en las relaciones urbanas. Este modelo de organización permite interpretar el funcionamiento actual del sistema urbano como una red de carácter policéntrico en la que se dan jerarquías urbanas múltiples, basadas en las diversas formas de relaciones de las empresas y demás organizaciones que estructuran el territorio.

5.5 Infraestructuras para el desarrollo

La dotación de infraestructuras contribuye al funcionamiento del sistema urbano y al progreso económico. Para que una economía pueda acceder a una senda de desarrollo autosostenido es condición necesaria que disponga de economías externas potentes que permitan a las empresas aumentar la productividad y competitividad. Para que ello sea posible necesita que su sistema productivo esté bien servido de infraestructuras económicas (como son las de transporte o las energéticas) y sociales (como las de salud o educación y formación).

Las infraestructuras de transporte y comunicaciones son una de las bases sobre la que gira el desarrollo económico (Biehl, 1986). Una buena dotación de infraestructuras no sólo hace aumentar la productividad de las inversiones privadas y reduce los costes de producción, sino que además, estimula nuevas inversiones privadas, lo que genera una ampliación del stock de capital, favorece el crecimiento de la productividad y el aumento de la ocupación. Así pues, a medida que en un país o un territorio aumenta la dotación de infraestructuras, crecería la renta per cápita y el empleo.

Tres son los mecanismos a través de los que las infraestructuras de transporte y comunicaciones estructuran el territorio y facilitan el desarrollo. En primer lugar, facilitan las relaciones económicas entre las empresas, favoreciendo los flujos económicos y las importaciones y exportaciones de bienes y servicios, lo que en definitiva revierte en la competitividad de las empresas. Favorecen, además, la organización y estructuración física del territorio, privilegiando aquellos ejes que vinculan los centros más dinámicos, lo que mejora la eficiencia del sistema productivo. Por último, estimulan la aglomeración de la población y de la actividad productiva en el territorio, las relaciones que se establecen entre las empresas y, en definitiva, las economías externas que fomentan la concentración de empresas y la urbanización.

Las infraestructuras de transporte y comunicaciones desempeñan un papel estratégico en el desarrollo de los nuevos espacios industriales y de servicios. En el caso de los sistemas productivos locales, normalmente, el surgimiento y desarrollo de la actividad productiva se suelen producir en localizaciones bien comunicadas (como Aranda de Duero, nudo de comunicaciones entre Castilla y el País Vasco y de Levante con el oeste de la Península; o Elda, en el valle del Vinalopó, paso del Mediterráneo a Castilla desde la época de los romanos), y su desarrollo demanda su mejora continua y su adecuación a las necesidades que cambian continuamente. En el caso de los modelos de excelencia la disponibilidad de infraestructuras de transporte y comunicaciones de calidad, como tener un buen sistema de autopistas y un gran aeropuerto, es una condición necesaria, entre otras, para que puedan surgir y desarrollarse los sistemas productivos. En el caso de los polos de desarrollo, la dotación de infraestructuras de calidad constituye, precisamente, un factor básico para la atracción de empresas.

Las redes de alta concentración, como las autopistas, ejercen, frecuentemente, un potente efecto difusor sobre las actividades industriales y de servicios. Sin duda, las carreteras y autopistas desempeñan un papel singular en el intercambio de algunos servicios muy difundidos en el territorio, como son los servicios turísticos y los servicios al consumo (comerciales, sociales) que se apoyan cada vez más en la accesibilidad y flexibilidad que ha introducido el uso del automóvil.

Pero las autopistas y los sistemas de ferrocarriles rápidos tienen la capacidad de crear su propia demanda, de ampliar las estructuras organizativas y los mercados. Un buen ejemplo lo constituye el impacto del tren de alta velocidad en Japón. La introducción de la alta velocidad amplió el número de viajes de negocios, pero redujo su duración y, por otro lado, permitió a los turistas desplazarse a distancias más grandes, pero disminuyendo el número de noches que permanecen en los lugares turísticos.

Los trenes de alta velocidad, en una primera fase, sirven a las actividades de servicios concentradas en las grandes ciudades, como Madrid, París, Londres, Bruselas o Colonia, pero no implican, necesariamente, el debilitamiento de las actividades productivas de las ciudades medias y de las regiones menos desarrolladas. Por el contrario, como muestra el desarrollo de los servicios a las empresas (sobre todo, de consultoría) en la ciudad de Lyón, puede ser un modo de transporte que genere la diversificación de los servicios e incentive aquellos que favorecen la competitividad. Por ello, ciudades como Cardiff, Leeds, Stuggart, Barcelona o Sevilla, podrían desarrollar nuevas actividades de servicios modernos una vez conectadas a la red europea de alta velocidad.

A su vez, en una economía en la que los servicios a las empresas, nacionales e internacionales, requieren contactos personales y en la que las funciones turísticas y culturales están muy difusas en el territorio, la demanda de transporte aéreo y, por lo tanto, de una mayor y mejor dotación de infraestructuras, crece de forma progresiva. El avión se ha convertido en un modo de transporte de uso creciente en las actividades turísticas, cuyos servicios son ya bienes de consumo en masa. Por otro lado, la expansión continua de los intercambios nacionales e internacionales de servicios a las empresas, genera una demanda creciente de servicios de transporte aéreo para facilitar los contactos y las relaciones *face to face*. Así pues, la demanda de infraestructuras de transporte aéreo requiere cantidades crecientes de inversiones públicas y privadas, tanto en las grandes ciudades como en las pequeñas y en las regiones con fuertes recursos turísticos.

Los nuevos sistemas de comunicaciones, a su vez, contribuyen a mejorar la productividad de la industria local y, sobre todo, desempeñan un papel estratégico en el desarrollo de los servicios, ya que muchas de las actividades de servicios sólo pueden ser competitivas sobre la base de la transferencia electrónica. En las grandes ciudades y en las regiones más avanzadas la demanda de este tipo de servicios está en continuo crecimiento. Pero, la reducción del coste de las telecomunicaciones y los nuevos desarrollos tecnológicos, aunque no reduzca la ventaja competitiva de las regiones líderes, permite a las regiones emergentes y a las ciudades medias dinámicas potenciar los servicios a la producción y los servicios al consumo.

Las infraestructuras urbanas, finalmente, desempeñan un papel estratégico en la competitividad de las ciudades y regiones urbanas. No se trata sólo de las infraestructuras intrametropolitanas (autopistas, metro, ferrocarril o lo que hemos denominado infraestructuras sociales), sino también de las infraestructuras que vinculan a las ciudades.

Los sistemas de transporte y comunicaciones tienen, en los países de la Unión Europea, una fuerte orientación nacional, diseñada para vincular, de forma jerarquizada los sistemas de ciudades nacionales. Pero en las últimas décadas, el desarrollo de las infraestructuras estimula la desconcentración y difusión de la actividad productiva de las regiones más congestionadas a territorios que tienen atributos que atraen a las empresas, sin duda debido al efecto difusor de la propia tecnología del transporte (Hall, 1993).

5.6 Desarrollo sostenible de las ciudades

El desarrollo económico es un proceso que se caracteriza por su dimensión territorial, no sólo debido a los efectos espaciales de los procesos organizativos, tecnológicos e institucionales, sino también por el hecho de que cada país, cada región y cada ciudad son el resultado de una historia en la que se ha ido configurando, precisamente, el entorno institucional, económico y cultural.

La globalización y la integración económica han aumentado la competencia entre las ciudades, lo que ha dado lugar a un conjunto de iniciativas que en un principio se dirigían a la mejora de las infraestructuras y de los servicios sociales. Como indica Chisholm (1990), al referirse al caso de Sheffield, las inversiones en infraestructuras y servicios sociales son críticas en los procesos de ajuste productivo y se proponen mejorar el atractivo de las ciudades y regiones para convertirlas en un lugar adecuado para vivir y trabajar.

Pero, para que las ciudades desempeñen un papel estratégico en los procesos de desarrollo, no es suficiente con que se realicen este tipo de inversiones. Es necesario, además, que se estimulen los procesos de desarrollo urbano sostenible, teniendo en cuenta la complejidad del sistema urbano, el carácter físico y medioambiental de las ciudades y la necesidad de combinar acciones a corto plazo con medidas a largo plazo (Camagni *et al.*, 1996).

Las medidas de política urbana son más eficaces cuando inciden, de manera conjunta y combinada, sobre los sistemas económico, social y físico, que estructuran a la ciudad, lo que estimula la integración económica de las regiones urbanas en el sistema global de ciudades. Para asegurar el progreso económico y social y hacer aparecer las economías de aglomeración ocultas, es necesario integrar y cohesionar los componentes de la región metropolitana y de su red de ciudades a través de políticas que favorezcan la conectividad, la prestación de servicios de carácter regional y la calidad medioambiental. La eficacia de las medidas medioambientales, por su parte, depende de la combinación entre políticas que responden a las necesidades inmediatas (movilidad metropolitana eficiente y flexible) y aquellas otras de carácter más estructural (localización de la actividad productiva, vivienda e infraestructura de transporte).

Un ejemplo de medidas que actúan integralmente sobre el sistema económico, social y físico de la ciudad es la remodelación de Puerto Madero, en Buenos Aires, entre el Río de la Plata y el centro histórico de la ciudad, que permitió incorporar el viejo puerto a la ciudad. La iniciativa detuvo la degradación de un espacio que ya había cumplido su función urbana y lo recicló fomentando las actividades de ocio (cafés, restaurantes, bares), la localización de actividades de servicios educativos y a las empresas y la calidad de la vivienda, lo que actuó como motor económico de la ciudad, precisamente en un momento en el que la economía de la ciudad estaba muy debilitada. La transformación del viejo puerto en una zona urbana, que alberga actividades clave para su desarrollo económico, va acompañada de la recuperación del patrimonio arquitectónico.

La dinámica de la región metropolitana de Barcelona es otro buen ejemplo de progreso económico y social. La región de Barcelona la forma una red policéntrica de ciudades, cuyo núcleo que cohesiona el sistema es la ciudad de Barcelona. Las ciudades de la red son ciudades especializadas en actividades industriales, el tejido productivo de la región está bastante diversificado y a partir de los años noventa las actividades de la sociedad del conocimiento adquieren cada vez mayor importancia (Trullén, 2003). Con el fin de potenciar las economías de aglomeración se está ampliando la red de infraestructuras con las inversiones en el tren de alta velocidad y el aeropuerto, redefiniendo el sistema de formación y de centros de investigación, ampliando la actividades de ocio e impulsando las actividades de servicios a la producción, lo que sin duda está transformando y redimensionando el ámbito de la ciudad y convirtiendo a la región metropolitana de Barcelona en un espacio urbano cada vez más integrado en el sistema global de ciudades.

Con el fin de neutralizar los efectos negativos de la exclusión social, las ciudades han puesto en marcha iniciativas de desarrollo urbano como la reestructuración de los barrios llevada a cabo en Caracas. Un buen ejemplo es el proyecto Catuche que surgió en 1993 a partir de una iniciativa del barrio apoyada por los Padres Jesuitas de la Pastora, con el fin de dotar a este barrio marginal de servicios básicos e infraestructura social que permitieran mejorar el medioambiente y las condiciones de vida de la población. Entre las actuaciones cabe destacar el saneamiento medioambiental del río Catuche, la construcción o reconstrucción de servicios públicos, la construcción de viviendas, el fomento de microempresas para realizar los trabajos de construcción y la mejora de las relaciones entre los habitantes del barrio.

En la actualidad, el desarrollo sostenible está cada vez más presente en los procesos de desarrollo urbano. No se trata sólo de aquellas iniciativas cuyo objetivo es favorecer la calidad medioambiental mediante la reducción de la contaminación acústica o el tratamiento de residuos, sino también de aquellas otras que se proponen impulsar la conservación del patrimonio construido y la promoción de un entorno mejor conservado (creación de espacios libres, conservación de espacios verdes, recuperación de los centros históricos). Por ejemplo en Urbania, una pequeña ciudad de seis mil quinientos habitantes, de la provincia de Pésaro en la región de las Marcas, entre las iniciativas locales figuran la restauración del palacio Ducal en el que se encuentra el Museo Cívico, la pinacoteca y la biblioteca, la restauración del Parco Ducale, antiguo lugar de ocio de los duques de Urbino localizado fuera de la ciudad y la reestructuración del teatro.

Por último, el desarrollo sostenible de las ciudades y regiones urbanas requiere que, como indica la OCDE (1994), se pongan en práctica iniciativas como la reorganización policéntrica de las ciudades y regiones urbanas, la revitalización de los centros urbanos, la política de *containment* urbano que funciona en el Reino Unido desde hace más de veinte años, la planificación integrada del transporte y el fomento de las infraestructuras para las nuevas tecnologías de comunicación. En realidad se trata de hacer más atractiva y competitiva a la ciudad para lo que, además de poner en marcha las políticas de desarrollo urbano sostenible, conviene lanzar iniciativas de "marketing" de las ciudades que hagan cambiar la percepción que tienen los habitantes de su propia ciudad y, sobre todo, la de los potenciales inversores, los visitantes y, en general, los habitantes de otras ciudades.

6. CAMBIO Y ADAPTACIÓN DE LAS INSTITUCIONES

En su libro *Teoría del crecimiento económico*, Arthur Lewis señalaba, a mediados de los años cincuenta, que las instituciones económicas y sociales son una pieza determinante del crecimiento económico. Douglas North, en el discurso de aceptación del Premio Nobel en 1993, va más allá y argumenta que "las ideas, las ideologías, los mitos, los dogmas y los prejuicios", también cuentan en los procesos de desarrollo, ya que las creencias se convierten en estructuras económicas y sociales, precisamente a través de las instituciones.

Así pues, puede decirse que hoy en día existe un reconocimiento generalizado de que las instituciones condicionan los procesos de crecimiento económico. La teoría del desarrollo siempre ha defendido esta tesis, pero el pensamiento económico no la ha hecho suya hasta que la nueva economía institucional reconoció que las instituciones son un factor crítico en los procesos de crecimiento y cambio estructural. Aunque Ronald Coase, un economista neoclásico, ya había advertido en 1937 que los costes de transacción eran fundamentales para entender el funcionamiento de las organizaciones, los economistas neoclásicos tradicionalmente consideraban que cuando se realizaban las transacciones económicas no se incurría en costes, porque los intercambios de bienes y servicios eran algo automático que no consumía ni tiempo ni esfuerzos para ponerse de acuerdo y ejecutar las transacciones.

Sin embargo, en las últimas décadas se ha ido aceptando la idea de que la evolución de las economías y la senda específica de crecimiento de cada país, región y ciudad depende, entre otros factores, del funcionamiento de las instituciones, es decir, de las normas y reglas, pero también de los contratos entre las empresas y de los códigos de conducta y las convenciones existentes en cada sociedad. Las empresas y las organizaciones toman sus decisiones de inversión en un entorno institucional y las realizan a través de un sistema de relaciones e interacciones con otras empresas que forman el sistema institucional, lo que afecta a los resultados de la inversión, y, por lo tanto, al comportamiento de la productividad y al propio proceso de desarrollo.

6.1 Desarrollo económico y cambio institucional

Lewis (1955) señala que las instituciones económicas y sociales son uno de los factores determinantes de los procesos de desarrollo económico y que los cambios en los demás factores del crecimiento causarán cambios institucionales. Es decir, Lewis apunta que entre el crecimiento económico y las instituciones existe una relación mutua que causa la transformación progresiva de las instituciones a medida que las economías de los países, las regiones y las ciudades, continúan avanzando por su sendero de crecimiento.

Esta proposición general ha sido objeto de un tratamiento específico por parte del pensamiento económico durante las últimas décadas, al identificar cuáles son los mecanismos que permiten establecer las relaciones entre instituciones y crecimiento. Así, North (1990 y 1994) y Williamson (1985), continuando los trabajos de Coase, establecieron que la conexión entre las instituciones y el crecimiento económico se realiza a través de la economía de los costes de transacción.

Los intercambios y las transacciones entre los agentes económicos tienen siempre un coste. Tan sólo en el mundo ideal de los modelos sin fricciones no cuestan nada y, por ello, se puede tratar la cuestión en términos de un modelo en el que los agentes actúan con racionalidad pura, lo que permite obtener resultados óptimos con una buena relación entre beneficios y costes. Sin embargo, la realidad es más compleja y los intercambios de bienes y servicios generan costes comerciales y no comerciales.

A pesar de sus avances, la nueva economía institucional es una visión tan limitada como las demás, que analiza las instituciones desde el prisma de los intercambios de bienes y de derechos de propiedad y los costes de transacción. No llega, sin embargo, a conceptualizar de forma satisfactoria los costes de transacción. En unos casos, los caracteriza vagamente utilizando la definición de Arrow como "los costes que ocasiona el hacer funcionar el sistema económico"; en otros, utiliza una taxonomía funcional de los diferentes costes de transacción demasiado prolija y detallada según el tipo de actividad, que va desde la búsqueda de información sobre los precios, a la realización y el seguimiento de los contratos y la protección de los derechos de propiedad. Por último, utiliza un concepto de intercambio restrictivo, ya que sólo considera las transacciones económicas y comerciales y prefiere ignorar que los intercambios incorporan también transacciones interpersonales, que nada tienen que ver con los intercambios de los derechos de propiedad.

¿Qué son las instituciones? Las instituciones están formadas por el conjunto de normas y acuerdos que se dan los actores, las organizaciones y los pueblos para regular sus relaciones económicas, sociales y políticas. Se trata no sólo de las reglas formales, como las constituciones y las leyes, y los instrumentos para aplicarlas, sino también de todas aquellas normas informales como las pautas de conducta, los códigos o las convenciones, y de aquellas otras formales como los contratos, que condicionan el comportamiento de las empresas y de la población de un territorio. Es decir, como sugiere North, son las reglas de juego que estructuran y determinan las relaciones económicas, sociales y políticas de las organizaciones en el curso de su actividad productiva.

North (1990) establece con nitidez la distinción entre instituciones y organizaciones u organismos, e indica que los organismos proporcionan una estructura a la interacción de los individuos. Entre los organismos diferencia los de carácter público (partidos políticos, el senado, una agencia reguladora), los de carácter económico (empresas, sindicatos, cooperativas), las organizaciones sociales (iglesias, clubes, asociaciones deportivas) y los órganos educativos (escuelas, universidades, centros de capacitación profesional). Señala que existe una fuerte interacción entre las instituciones y los organismos, y considera que son precisamente éstos los agentes del cambio institucional.

Así pues, las instituciones condicionan las transacciones y los intercambios entre los agentes económicos y las organizaciones de todo tipo. En realidad, la actividad económica, en general, está inmersa en un conjunto de estructuras sociales, culturales y políticas, que pueden favorecer o entorpecer la dinámica económica. Por ello, las relaciones entre las empresas y las organizaciones no son necesariamente funcionales en términos económicos, como propone la visión neoinstitucional, sino que son interactivas, al organizarse los agentes económicos y las demás organizaciones formando redes, y estratégicas en tanto y en cuanto las organizaciones, en general, definen sus estrategias y actúan en condiciones de incertidumbre.

Desde esta perspectiva, el desarrollo económico consistiría en un proceso de crecimiento y cambio estructural en el que los actores económicos y

sociales y las organizaciones en general, toman decisiones de inversión, intercambian bienes y servicios, realizan acuerdos y contratos. Todas estas decisiones se apoyan en instituciones que surgen para facilitar las transacciones entre
los actores y las organizaciones y, en definitiva, para reducir la incertidumbre
y los costes asociados en que incurren al realizar los intercambios.

North (1990) sostiene que los costes de las negociaciones, transacciones
e intercambios entre las organizaciones de todo tipo de una economía son un
buen indicador de su nivel de desarrollo. Sus cálculos sobre la economía
americana durante 1870-1970, le llevan a estimar que más del 45% de la renta
de Estados Unidos de América se dedica a los gastos que conllevan las transacciones. Sin embargo, comenta que los costes debidos a los intercambios
serían mucho mayores en un país en desarrollo que en un país desarrollado,
e incluso a veces no se producirían los intercambios debido a lo elevado de
los costes, ya que el sistema institucional carece de la estructura que lo haga
eficiente.

Por lo tanto, entre las instituciones y el crecimiento existen mecanismos
diversos que afectan al funcionamiento y a los resultados de la actividad productiva. Los intercambios se realizan de forma más eficiente si los costes de
las transacciones se reducen. La interacción entre las empresas y las demás
organizaciones que se producen como consecuencia de la ejecución de sus
estrategias, genera economías al intercambiar, formal e informalmente, mercancías, información y conocimiento entre ellos. La reducción de costes y las
economías de todo tipo mejoran el comportamiento de la productividad, lo
que hace que los rendimientos de los factores productivos sean crecientes.

Los procesos de crecimiento económico cambian el entorno en el que
están inmersos los sistemas productivos y crean nuevas oportunidades a los
actores económicos, sociales y políticos. Cuando las instituciones existentes
suponen una restricción al buen funcionamiento de las actividades productivas y comerciales y, por lo tanto, a los procesos de crecimiento y cambio
estructural, los actores y las organizaciones que lideran los procesos de acumulación se ven obligados a introducir los cambios institucionales que faciliten el proceso de acumulación de capital y conocimiento.

Ahora bien, la dinámica de la economía y de la sociedad requiere un
cambio continuo de las instituciones, como Alfonso Gil (2001) muestra para
el caso español. La creación de instituciones nuevas y el reemplazo de las
antiguas es un proceso complejo y lento que se produce como consecuencia
de las negociaciones y acuerdos de los actores económicos y sociales, y de las
organizaciones en general ante los cambios del entorno. Se trata de un pro-

ceso de carácter endógeno al propio sistema de relaciones que se genera como consecuencia del proceso de causación entre crecimiento económico, demanda de cambios institucionales y acciones de las organizaciones, que se refuerza continuamente.

Las instituciones informales, los códigos de conducta y las convenciones surgen de forma espontánea, porque facilitan los intercambios y las transacciones comerciales y no comerciales. Las instituciones formales, los contratos y los acuerdos entre los actores se producen en función de los fines que cada uno de ellos persigue para llevar adelante sus proyectos. Las instituciones crecen y se transforman debido a que crean condiciones para que surjan mecanismos que garanticen la mejora de los resultados económicos. Por lo tanto, no existe un determinismo natural en la transformación de las instituciones, sino que los individuos y las organizaciones son los que, en último análisis, toman las decisiones que propician los cambios institucionales.

Las transformaciones de las instituciones, de las normas y convenciones, obedecen a las nuevas demandas generadas dentro de la propia sociedad. Surgen por iniciativa de los individuos y las organizaciones, que están interesados en la transformación del entorno, ya que entienden que con ello pueden mejorar los resultados de su actividad productiva. Los cambios de las instituciones, sin embargo, suelen desencadenar conflictos, reacciones y tensiones entre las organizaciones, lo que generará cambios en sus actitudes y acciones que incidirán, a su vez, en el proceso de transformación institucional. Se trata, por lo tanto, de un proceso social que se produce como consecuencia de la interacción de las organizaciones y de los actores económicos y sociales y que, como todo proceso social, es complejo y se desarrolla lentamente.

Las instituciones formales e informales nacen con vocación de sustituir a las anteriores. Pero, dado que afectan a la regulación económica y social, a las relaciones de poder, a las pautas morales y a los códigos de conducta de la sociedad, suelen encontrar fuertes resistencias, sobre todo en los grupos ya establecidos. Además, el cambio y la adaptación de las reglas y normas, formales e informales, y de los sistemas de aplicación, no es una tarea que pueda hacerse "de la noche a la mañana", ya que las organizaciones y la sociedad necesitan tiempo para conocer y adoptar las nuevas reglas y convenciones. Por último, lo nuevo y lo viejo pueden convivir por un periodo de tiempo y, frecuentemente, las instituciones antiguas y modernas permanecen en el tiempo, de tal manera que el proceso de cambio institucional puede llegar a no realizarse completamente.

6.2 Confianza y cooperación

Como se ha argumentado anteriormente, lo que convierte a las instituciones en uno de los factores determinantes del desarrollo económico es el hecho de que facilitan el buen funcionamiento de los múltiples mercados e intercambios entre los actores y las organizaciones. Las empresas y las organizaciones forman redes caracterizadas por relaciones e intercambios que se desarrollan de forma dinámica, a partir de un conjunto de acuerdos, tácitos y expresos, y de contratos. La cooperación y la competencia de empresas y actores permiten la convergencia de esfuerzos, lo que estimula la dinámica económica y el desarrollo.

6.2.1 Los mecanismos que facilitan la cooperación

Desde esta perspectiva, la cooperación entre los actores y organizaciones adquiere un papel determinante en los procesos de crecimiento y cambio estructural. La condición necesaria para que se produzca la cooperación entre las empresas y las organizaciones es la existencia de un sistema de relaciones económicas, sociales y políticas. Cuanto más innovadores y creativos sean los acuerdos entre los actores y las organizaciones, mejores y más adecuadas serán las condiciones para el desarrollo.

Ahora bien, ¿cuáles son los mecanismos que permiten establecer el sistema de relaciones, acuerdos e intercambios entre las empresas de una economía? ¿Cómo se puede explicar la cooperación entre los actores y organizaciones de una economía? Esta es una cuestión objeto de discusión y su respuesta depende del tipo de relaciones que se establecen entre los actores. Cuando las relaciones son familiares y de vecindad en una comunidad con limitados contactos externos, o cuando se trata de relaciones propias de una comunidad o grupo con identidad propia, la cooperación entre los miembros se basa en la confianza que surge de los vínculos personales o culturales y se refiere, por lo tanto, a las relaciones personales o culturales más que a un sistema de relaciones económicas, sociales y políticas.

Pero, en el otro extremo, cuando se trata de relaciones voluntarias y formales que establecen las empresas para mejorar su posicionamiento competitivo en los mercados, la creación y el desarrollo del sistema de relaciones obedece a una estrategia racional orientada por los objetivos empresariales. En este caso, la cooperación surge de acuerdos formales, articulados frecuentemente a través de contratos, que en el futuro puede dar lugar, también, al funcionamiento de mecanismos de confianza entre las empresas que han establecido las relaciones contractuales.

La confianza es uno de los mecanismos en que se basa la cooperación entre los individuos y las organizaciones, como reconoce Arrow (1974), cuando señala "trust... saves a lot of trouble to have a fair degree of reliance on other people's work". Pero, se trata de un concepto complejo que se refiere a situaciones muy dispares. Puede entenderse como un capital individual basado en la reputación de los actores y organizaciones que realizan las transacciones económicas y sociales, o puede entenderse como un capital social que surge espontáneamente en la sociedad y se difunde por todo el sistema productivo a medida que se forma la red de empresas y se crean los sistemas de relaciones entre ellas.

Existe, por lo tanto, una relación directa entre el capital social de un territorio y su desarrollo empresarial. Según Fukuyama (1995) el capital social consiste en la capacidad de la gente para asociarse con los demás y formar grupos y organizaciones, con el fin de conseguir objetivos comunes tanto en la esfera económica como en cualquier otro ámbito de la sociedad. Es decir, se trata del desarrollo en una sociedad, o en parte de ella, de las capacidades de los ciudadanos para emprender iniciativas conjuntas, en las que la confianza constituye el soporte principal de las relaciones.

Fukuyama lleva adelante su razonamiento indicando que en esencia existen dos tipo de países: aquellos, como Taiwan, Francia e Italia en los que la familia está por encima de cualquier otra lealtad social y, por lo tanto, son países con una relativamente baja confianza social; y aquellos otros, como Alemania, Japón o Estados Unidos en los que existe un alto grado de confianza social y, por lo tanto, tienen una fuerte propensión a la creación de asociaciones. Esta diferencia condicionaría los modelos de organización empresarial y, por lo tanto, el desarrollo industrial de las economías, de tal forma que serían más innovadores y eficientes aquellos países que tienen un mayor capital social.

La realidad, sin embargo, es más compleja de lo que esta interpretación señala, ya que las formas de organización de las naciones no son generalizables y, sobre todo, porque los territorios de un país no son homogéneos. Como el propio Fukuyama reconoce, las grandes empresas norteamericanas como Du Pont, Eastman Kodak, Sears o Roebuck fueron empresas familiares en sus orígenes antes convertirse en organizaciones corporativas y, por otro lado, durante los siglos XIV y XV las ciudades del norte de Italia mostraron un desarrollo comercial espectacular, lo que contradice la visión "neoweveriana" sobre el "espíritu" del capitalismo que mantiene Fukuyama. Además, desde los tiempos de Marshall los economistas han reconocido que los distritos industriales y los sistemas locales de empresas constituyen una forma de organización de la producción que ha demostrado su eficiencia tanto en Inglaterra y Alemania como en los países de desarrollo tardío de Europa. Como se ha visto anteriormente, uno de los factores de eficiencia es precisamente el capital social existente en los territorios donde han surgido y se han desarrollado los distritos industriales, que se caracterizan por la existencia de una amplia red de empresas que se apoya en una densa red de asociaciones voluntarias que caracterizan las estructuras sociales.

6.2.2 Las relaciones de confianza y el desarrollo

Al definir el concepto de confianza, Williamson (1993) pone el acento en el riesgo que entrañan las relaciones comerciales y así sostiene que se trataría de la probabilidad de que un individuo, con el que se establece una relación de cooperación, no vaya a actuar contra nosotros. Se muestra escéptico sobre el alcance de la confianza, ya que considera que "sólo se da en las relaciones entre los miembros de la familia, los amigos y los amantes" y que, por lo tanto, las relaciones comerciales no pueden entenderse sobre la base de algo tan personal como es la confianza. A lo más, se podría hablar de confianza institucional cuando se hace referencia al contexto social y organizativo en el que están inmersos los contratos.

Esta visión obedece a un enfoque funcional y microeconómico que aborda el análisis de las instituciones en función de los intercambios de los derechos de propiedad y sus costes, de la organización de los mercados y de la estructura de los contratos, y considera a las organizaciones económicas, como serían las empresas, como redes de contratos. Se trata, en todo caso, de una visión funcional que no considera la dimensión espacial de las relaciones económicas y, por lo tanto, no aborda la cuestión de que las empresas son organizaciones inmersas en el territorio y cuya competitividad depende de las relaciones estratégicas que establecen con los demás actores del territorio en el que están localizadas.

Frente a esta visión contractual y funcional de las relaciones entre los actores y organizaciones, la noción de confianza ha recibido una atención especial en las últimas décadas como consecuencia de las investigaciones realizadas en los sistemas productivos locales de los países de desarrollo tardío. Ottati (1994) le asigna un papel clave para explicar los mecanismos de cooperación, en particular, en los distritos industriales.

Los sistemas de relaciones productivas y comerciales de los distritos industriales se caracterizan por la cooperación y la confianza existente entre las empresas. La confianza se basa en la costumbre y se refiere, tan sólo, a aquellas transacciones que se realizan normalmente en los distritos. Según esta interpretación, es un capital colectivo que todos los miembros del distrito pueden utilizar y, en definitiva, es un subproducto de una cultura común. Además, el distrito industrial es un contexto en el que las relaciones de confianza basadas en la reputación personal se desarrollan con facilidad, debido a que favorece el conocimiento de las características morales y profesionales de las personas y de las empresas.

Según Ottati, la confianza y la cooperación se mantienen gracias a los beneficios que proporcionan a las empresas y a los demás miembros de la comunidad local y del distrito. La confianza y la cooperación recíproca, por un lado, permiten transacciones que no se producirían si no existieran estas relaciones, ya que facilitan la especialización productiva, la difusión del conocimiento técnico y la financiación de la actividad productiva mediante la subcontratación y la concesión de créditos proveedor-cliente. La confianza personal tiene sus mejores rendimientos en el caso de aquellas transacciones que son demasiado arriesgadas, como sucede con las inversiones en innovación. Por último, Ottati, al referirse al caso italiano, llega a indicar que la cooperación permanece en los distritos debido a la existencia de controles y sanciones sociales que los partidos políticos, el gobierno local e incluso las asociaciones de empresas y sindicatos suelen imponer a los transgresores de las costumbres y códigos de conducta existentes en la comunidad local.

Esta interpretación de los mecanismos de cooperación tiene la ventaja de señalar la importancia que tienen los sistemas productivos locales en los procesos de desarrollo, y destacar el hecho de que las empresas forman parte de un contexto que puede favorecer los intercambios e interacciones necesarias para obtener los resultados esperados. Pero adolece de algunas debilidades. Ante todo, parece exagerado que se le dé a la confianza un papel protagonista en la definición de la estrategia competitiva de las empresas que actúan en redes de cooperación, argumentándolo, incluso, en términos del control que ejercen las organizaciones económicas y políticas del distrito industrial. Además, los hechos no parecen apoyar esta interpretación en el sentido de que durante la última década el proceso de globalización ha creado las condiciones para la internacionalización de la producción y el aumento de los servicios en los distritos industriales, dos fenómenos que debilitan el sistema de relaciones internas basadas en la costumbre de cooperar y sobre la base de la confianza. Por último, la organización de los sistemas productivos locales se ha ido transformando y las relaciones informales y personales han ido disminuyendo su importancia relativa, a medida que las relaciones formales y el comportamiento estratégico adquieren más peso en las nuevas redes de producción y en las alianzas entre las empresas.

Así pues, la confianza adquiere sentido cuando se discute sobre la competitividad de las empresas (sobre todo, cuando se trata de pequeñas y medianas empresas) en un entorno turbulento e incierto y con información insuficiente de los actores económicos. Es un concepto que resulta operativo cuando se le relaciona con un entorno en el que se producen múltiples intercambios entre los actores y organizaciones, cuando los actores están vinculados por una historia tecnológica, productiva y social común, cuando incluso comparten una herencia cultural y el sentimiento de pertenecer a una misma colectividad (Granovetter, 1985). Pero, esto no implica que no existan acuerdos y formas explícitas de reciprocidad, ni que los actores y organizaciones tomen sus decisiones sin tener debidamente en cuenta los efectos económicos de la cooperación.

6.2.3 Las relaciones estratégicas y el desarrollo

La confianza, tal como la acabamos de definir, es un fenómeno que caracteriza al sistema de relaciones productivas y comerciales de una localidad o un territorio concreto, lo que hace muy difícil la reproducción en otro contexto a partir de iniciativas de los actores y organizaciones. Pero la confianza caracteriza el funcionamiento normal de la actividad productiva y refuerza los compromisos que las empresas adquieren en sus relaciones productivas y comerciales con otras empresas. En realidad, la confianza se puede entender como uno de los mecanismos que contribuyen a la cooperación y coordinación de los actores y, por lo tanto, al desarrollo de un territorio.

En entornos competitivos y cuando los sistemas productivos y las empresas atraviesan por procesos de ajuste y de cambio tecnológico, la cooperación entre los actores y empresas basada en la confianza se podría interpretar como la utilización calculada de un sentimiento espontáneo existente en una colectividad. En este sentido, algunos de los análisis sobre los procesos de industrialización endógena en los países de desarrollo tardío de Europa, comentados en capítulos anteriores, explican el surgimiento y desarrollo de los sistemas locales de empresas como consecuencia de la reacción de las comunidades locales ante situaciones de necesidad, instrumentada a través de la cooperación y la confianza entre las empresas locales.

Sin embargo, en entornos turbulentos y globalizados parece oportuno ampliar el análisis y entender la cooperación como un fenómeno que se produce como consecuencia de las estrategias competitivas de las empresas y de los actores, para cuya interpretación puede ser de gran ayuda la teoría de juegos.

Desde esta óptica se puede analizar la racionalidad estratégica del comportamiento de las empresas y de los actores y llegar a interpretaciones más realistas de sus acciones. Así, resulta comprensible que las empresas de un distrito lo abandonen y elijan una localización diferente para situar una planta porque la nueva localidad tiene unos recursos específicos cuya utilización fortalece sus ventajas competitivas. Resulta explicable la internacionalización de las empresas locales que reducen su actividad industrial en un distrito y aumentan la producción local de servicios como el diseño, la asistencia tecnológica, la logística empresarial o el marketing, y, por lo tanto, contribuyen al cambio de las actividades del distrito. Resulta lógico que las empresas que forman los sistemas productivos locales actúen estratégicamente utilizando los mecanismos de confianza y cooperación existentes en el distrito. Resulta, por último, un comportamiento racional que las organizaciones públicas y privadas de una localidad traten de alcanzar sus objetivos a través de iniciativas para el desarrollo local que fortalezcan la ventaja competitiva de las ciudades y regiones y, con ello, la de las empresas localizadas en las mismas.

Desde la perspectiva del comportamiento estratégico de los actores la cuestión no reside en si las relaciones de los actores son formales o informales, o si están basadas en contratos o en la confianza mutua entre ellos. Lo realmente relevante es la confluencia de las estrategias de los actores y las empresas en el territorio, que necesita apoyarse en instituciones enraizadas en la cultura local. La cooperación estratégica es, según esta visión, un mecanismo que permite neutralizar la incertidumbre de los mercados y mantener el posicionamiento competitivo de los actores y de las empresas, contribuyendo a la vez al desarrollo de las ciudades y regiones.

6.3 La coordinación de las acciones y estrategias

La teoría de la proximidad, que se siente heredera de la teoría de los distritos industriales y de la de los entornos innovadores, le concede a las instituciones un papel relevante en los procesos de desarrollo, ya que sostienen que están en la base de la coordinación estratégica y de las acciones colectivas de los actores económicos, políticos y sociales (Gilly y Torre, 2000).

La teoría de la proximidad comparte con la teoría de los entornos innovadores la idea de que el territorio es más que el lugar en el que se localizan las empresas, y argumentan ambas que el territorio es un espacio en el que las organizaciones definen y ejecutan sus estrategias. Pero la teoría de la proximidad añade que el territorio define un contexto en evolución, a medida que los actores y las organizaciones toman sus decisiones de inversión y localización, que puede ser virtuoso y conducir al desarrollo de la economía o que, por el contrario, puede detener los procesos de cambio de la economía. Las instituciones son el vehículo que facilita la interacción de las organizaciones entre sí y con el territorio, por lo que serían el eje a través del que se articulan los procesos territoriales de crecimiento y acumulación de capital.

El concepto de proximidad se refiere a las vinculaciones organizativas entre los actores, a las relaciones estratégicas entre ellos y, sobre todo, a las relaciones institucionales. La proximidad física y organizativa facilita los intercambios de bienes, de servicios, de recursos y de informaciones entre los actores y estimula la interacción entre los actores locales y externos que participan en los procesos de desarrollo. Además, la noción de proximidad tiene una dimensión institucional que incluye el conjunto de normas y reglas, tácitas y expresas, que permiten la cooperación y coordinación entre los actores y da lugar a las redes económicas y sociales.

Uno de los elementos clave de la teoría de la proximidad lo constituyen, por lo tanto, las interacciones entre las organizaciones y sus efectos sobre los procesos de desarrollo. Se trata, por un lado, de las interacciones que afectan a los costes de producción, asociados con la distancia y con las relaciones posicionales y espontáneas de los actores; pero, también, de aquellas otras que tienen efectos económicos y sociales y que son fruto de las estrategias y decisiones de las empresas y organizaciones.

Las estrategias dan lugar al intercambio de mercancías, de información y de conocimiento, al establecimiento de relaciones contractuales y a acciones de cooperación, que se potencian como consecuencia de la proximidad física y organizativa. Las relaciones de carácter estratégico tienen efecto sobre los costes de producción (reducción de los costes de las transacciones e intercambios) y producen economías como consecuencia de la interacción y difusión del conocimiento y de la información entre los actores y empresas, por lo que inciden tanto en el crecimiento de la productividad y competitividad de las empresas como de los territorios.

Una cuestión clave de la interacción de las organizaciones es, sin duda, la coordinación y la capacidad de integración de sus acciones. La coordinación de las empresas y organizaciones se produce no sólo mediante el sistema de precios, sino también a través de relaciones de cooperación que permiten los intercambios de mercancías, la difusión de las innovaciones y los flujos de información necesarios para que los actores y organizaciones realicen sus objetivos. Cuando la coordinación mejora el funcionamiento individual gracias a determinadas actuaciones conjuntas, se dice que existe coordinación sinérgica. La coordinación sinérgica de los actores y de sus organizaciones es lo que explica y da sentido a la capacidad de acción colectiva de un territorio.

Para que se produzca una respuesta coordinada de los actores locales es necesario que los actores tengan una visión conjunta compartida de los problemas del sistema productivo local y sus posibles soluciones. Además, la articulación de las acciones de los actores requiere que las instituciones del sistema productivo local, formales e informales, confluyan de tal forma que sea posible un compromiso institucional que permita la coordinación sinérgica. Normalmente, este compromiso entre actores requiere que "una o varias instituciones específicas desempeñen un papel motor en las relaciones institucionales del sistema institucional que constituyen los actores: los derechos de propiedad para un grupo industrial o financiero, un sistema de normas técnicas..." (Gilly y Pecqueur, 1998, p. 505).

La acción colectiva de los actores y la mejora de la dinámica local surge por la interacción entre instituciones y organismos: la existencia de redes de actores locales, que permiten definir de manera colectiva las normas y reglas comunes sobre la propiedad de los productos e intercambios del conocimiento; la existencia de relaciones de cooperación y confianza, que hacen que la dinámica local se haga viable de manera informal; las reglas comunes explícitas que regulan la cooperación entre los actores. En definitiva, uno de los pilares sobre los que se asienta el desarrollo de una economía es el funcionamiento de las instituciones que están en la base de la coordinación sinérgica de la acción colectiva de los actores.

6.4 La gobernación del desarrollo

En las últimas décadas, la difusión del pensamiento institucionalista ha abierto una discusión importante sobre los mecanismos de la gobernación (*governance*) que afectan a los procesos de desarrollo económico. Como se ha indicado anteriormente, las formas de organización del estado y los sistemas políticos crean un entorno institucional que condiciona los resultados económicos, ya que definen y administran las reglas políticas, sociales y jurídicas, que regulan el comportamiento de los actores económicos y de las organizaciones. Además, los actores y las organizaciones públicas y privadas crean convenciones, pautas de comportamiento y normas que regulan sus relaciones económicas, políticas y sociales. Todo ello, contribuye a la aparición en el territorio de nuevas formas de gobernación que estimulan los procesos de desarrollo endógeno.

La gobernación es una noción que ha sido objeto de múltiples interpretaciones, que obedecen a posiciones metodológicas diferentes, pero también al enfoque propio de cada disciplina, como nos recuerdan Gilly y Pecqueur (1998). Los economistas neoinstitucionalistas, por ejemplo, la definen como el conjunto de procesos de coordinación que permiten a los actores y organizaciones establecer acuerdos y relaciones contractuales (Williamson, 1985). Dado que la reducción de los costes de transacción es una pieza clave del pensamiento institucionalista, el oportunismo y la racionalidad controlada son hipótesis clave sobre las que se asienta la gobernación. Esta es una interpretación de la gobernación que adopta un enfoque microeconómico, al analizar los arreglos institucionales que regulan la forma en que las empresas compiten y cooperan.

Los juristas y politólogos (Kooiman, 1993), a su vez, entienden la gobernación como el sistema institucional que surge como consecuencia de las interacciones y acciones de las organizaciones que intervienen en los procesos económicos, sociales y políticos de acuerdo con sus objetivos e intereses. Esta interpretación de la gobernación se refiere a la capacidad que tienen los actores públicos y privados de definir y ejecutar políticas de acción pública a través de las negociaciones y de los acuerdos que se establecen entre ellos. Introduce, además, la noción de red en el concepto de gobernación al incorporar las categorías de sistema e interacción, y asume el carácter cambiante de las normas y de las reglas y, por ello, del sistema institucional, como consecuencia de las crecientes demandas de los organismos públicos y privados.

Cuando la gobernación se enfoca desde la perspectiva del desarrollo es necesario utilizar un concepto amplio que integre las diferentes interpretaciones y tenga en cuenta las siguientes dimensiones:

1. La gobernación del desarrollo se refiere a acciones de actores que actúan estratégicamente. Se instrumenta a través de la acción de las empresas y de las organizaciones privadas y públicas, como las empresas manufactureras, las instituciones financieras, las cámaras de comercio, las asociaciones de empresarios o los sindicatos. Además, a medida que el tejido institucional se hace más complejo, es más relevante el papel de las organizaciones intermediarias como las agencias de desarrollo, los centros de empresas e innovación o las agencias de formación.
2. La gobernación se refiere a transacciones comerciales y no comerciales entre los actores y organizaciones, ya que los intercambios entre las empresas y las organizaciones no son transacciones económicas abstractas, sino que se realizan en un contexto social y político concreto que incide en las relaciones entre los actores y organizaciones. Introduce, además, las interacciones de todo orden que se producen como consecuencia de la configuración de redes de actores.
3. La gobernación es el resultado de un proceso histórico. Las relaciones entre las empresas y las organizaciones cambian a medida que la dinámica económica, social y política presenta nuevas necesidades que dan lugar a nuevas instituciones. La dinámica productiva y las innovaciones dependen del sendero de crecimiento y, lo mismo que la dinámica social y política, tienen un componente histórico que las condicionan.
4. La gobernación se refiere al proceso de desarrollo de un territorio concreto. Las relaciones económicas, sociales y políticas se dan en un entorno institucional localizado, por lo que los actores y organizaciones desempeñan un papel concreto en los procesos de desarrollo, con relaciones de poder y competencias diferenciadas que evolucionan y se transforman históricamente.

La gobernación del desarrollo consistiría en un proceso de cooperación y coordinación que integre las estrategias de los actores públicos y privados, sus decisiones de invertir y los intercambios que se establecen entre ellos. Es, por lo tanto, un proceso institucional que afecta a la regulación de la actividad económica e, indirectamente, a la producción. Tiene además carácter dinámico, ya que su objetivo es facilitar el proceso de crecimiento y cambio estructural de una ciudad o región, que se ve estimulado por mecanismos positivos como las economías en los gastos que generan los intercambios económicos, y las economías que resultan de la organización de los actores. Se refiere, por último, a las normas y convenciones que regulan las relaciones entre los actores y organizaciones que actúan en el territorio, por lo que se diferencia de las reglas de gobierno que afectan a la macroeconomía y al diseño general de las instituciones.

La gobernación cobra una forma específica en cada territorio debido a que el proceso de acumulación de capital y la organización de la producción toman formas diferentes en cada localidad, ya que los actores son diferentes, la historia económica, tecnológica e institucional es diferente y, finalmente, la cultura es diferente. Por ello, las organizaciones intermedias pueden darnos una idea bastante precisa de esta diversidad en la gobernación, ya que se diferencian unas de otras en función de las relaciones (de poder e influencia) que se establecen entre los actores públicos y privados y de la formalidad o informalidad de las mismas (Vázquez Barquero, 1993).

Los acuerdos ocasionales (y en ocasiones la formación de redes) son frecuentes para promover el desarrollo de un territorio. Los acuerdos entre las administraciones públicas para construir infraestructuras en una comunidad local son frecuentes cuando las competencias son compartidas, como ha ocurrido en Alcoy en los años ochenta y noventa para la construcción de un puente, la autovía Alcoy-Concentaina o el parque industrial de Alcoy.

La Cámara de Comercio de Lieja es un buen ejemplo de una organización privada que ha promovido y estimulado la realización de proyectos con el objeto de favorecer el desarrollo económico de una ciudad, ya que bajo su iniciativa se crearon tres grupos de trabajo para potenciar actividades específicas: promocionar la imagen de la ciudad, estimular el espíritu emprendedor entre las empresas locales y promover nuevos polos de desarrollo económico de la región. En el Reino Unido, las grandes empresas y los bancos apoyaron iniciativas locales en los años setenta y ochenta, con el fin de impulsar la reconversión industrial y urbana, como indica Pellegrin (1991).

En el Berguedá, comarca industrial situada en el prepirineo catalán, en torno al valle del río Llobregat, cuando la empresa Carbones Berga decidió adoptar un plan de reconversión en 1987, lo concertó con la administración dando lugar a una estrategia de desarrollo local. Las administraciones públicas crearon en 1989 el Consorcio de Formación y de Iniciativas (CFI) Cercs-Berguedá, del que formaban parte la Generalitat de Cataluña, la Diputación de Barcelona, el Ayuntamiento de Cercs, Carbones Berga S.A. y el INEM. La estrategia de desarrollo se instrumentó mediante un programa de formación, un programa de creación y desarrollo de empresas, un programa de utilización de los recursos locales y un programa de integración de redes locales.

El Ayuntamiento de Nottingham, en el Reino Unido, desempeñó un papel decisivo en la reestructuración y desarrollo de la industria de la confección, mediante el estímulo de la modernización y del aumento de la competitividad del sector. Así, el Ayuntamiento, junto con las empresas locales y el departamento de tejidos y moda de la Escuela Politécnica, creó en 1984 una nueva "organización" pública como es el Centro de Moda, con el fin de promocionar a las empresas locales de servicios en temas como la producción, el merchandising o el marketing.

Shannon Development, en Irlanda, es un buen ejemplo de una agencia participada por el estado que ha logrado desarrollar su actividad con un alto nivel de autonomía al diseñar y ejecutar las acciones, innovadoras para su época, encaminadas al desarrollo de la región. Surgió en 1959 con la finalidad de que los aviones procedentes de Estados Unidos, continuaran aterrizando en el aeropuerto de Shannon, a pesar de que la autonomía de vuelo ya no les obligaba a ello; la idea era crear un parque industrial cerca del aeropuerto y promover el turismo. A lo largo de los años, la agencia ha sido capaz, entre otras iniciativas, de promover la creación de empresas en la Zona Franca (1959), crear el Parque Tecnológico de Plassey (1984), construir la nueva ciudad de Shannon, impulsar la creación de la Red para el Desarrollo del Conocimiento (2001), y acabar desarrollando consultoría internacional. Su éxito se debe en buena medida al espíritu innovador de sus gestores y a que los estatutos por los que se regula le hayan dado una forma de organización flexible y nada burocrática, lo que le ha permitido ajustarse con flexibilidad a las necesidades y demandas de sus clientes.

RECUADRO 6.1

SHANNON DEVELOPMENT

Shannon Development, en Irlanda, es una agencia de desarrollo en constante evolución que ilustra las ventajas de la planificación estratégica regional. Esta organización ha sido capaz de coordinar a los diferentes actores que intervienen en el desarrollo local, lo que le ha permitido obtener notables resultados en el desarrollo de la región de Shannon. Con el tiempo se ha convertido en una agencia líder en el diseño y ejecución de políticas de desarrollo innovadoras.

Surgió en 1959, con la finalidad de que los aviones procedentes de Estados Unidos, continuaran aterrizando en el aeropuerto de Shannon, a pesar de que la autonomía de vuelo ya no les obligaba a ello. La idea era mantener y aumentar el tráfico de pasajeros y de mercancías, crear empleo adicional a través de la localización de empresas industriales y potenciar el turismo. Los recursos de que disponía eran limitados, por lo que sus promotores se vieron obligados a considerar la innovación como el eje principal de su gestión.

Entre sus iniciativas cabe destacar la Zona Franca de Shannon, en la que se localizan empresas industriales y de servicios; el Parque Tecnológico de Plassey, que ofrece servicios para la industria de alta tecnología; el Parque Mundial de Aviación, que facilita el crecimiento de la aviación internacional; el Centro de Innovación, el primero de Irlanda, que ha sido una incubadora de ideas y fuente de proyectos para las empresas en sus primeras etapas; el nuevo aeropuerto de Shannon, que recibe en la actualidad más de un millón y medio de pasajeros, vincula el oeste de Irlanda con Europa y América del Norte y es base para el mantenimiento de aviones y la formación de pilotos; la nueva ciudad de Shannon, localizada al lado del aeropuerto; el desarrollo de servicios de asistencia técnica en desarrollo regional que transfiere a los países en desarrollo de todo el mundo.

Las actuaciones de Shannon Development impactan directamente sobre el desarrollo de las zonas rurales de la región de Shannon, que incluye los *counties* de Clare, Limerick, North Tipperary, South Offaly y North Kerry, en los que vive una población de más de 400 mil habitantes. Para ello, en los primeros años, la agencia se apoyó y promovió el surgimiento de nuevas empresas y el desarrollo y expansión de empresas industriales y de servicios; sobre todo de aquellas que facilitan el comercio internacional. En la actualidad, la agencia pone el énfasis en el desarrollo de empresas con gran potencialidad en la economía del conocimiento y apoya principalmente aquellas que puedan lograr en tres años un volumen de ventas superior al millón trescientos mil euros y un empleo estable de al menos diez trabajadores.

Para ello, Shannon Development ofrece una completa gama de incentivos financieros para el desarrollo de las empresas, así como de asistencia técnica (tecnológica y comercial), servicios urbanísticos (suelo urbanizado y oficinas) y formación. Además, mediante la reciente creación, en 2001, de la Red para el Desarrollo del Conocimiento, trata de proporcionar los recursos y el entorno que permitan el surgimiento de ideas y negocios relacionados con la sociedad del conocimiento.

Su actuación emblemática, la Zona Franca de Shannon, establecida en 1959, es el mayor cluster de inversiones de EE UU que existe en Irlanda, y viene actuando como plataforma para las empresas internacionales que desean operar en el mercado europeo. En la actualidad tiene 120 compañías que dan trabajo a más de 8.000 personas, empleadas en actividades manufactureras y de servicios internacionales, de las que el 47% trabaja en empresas de Estados Unidos de América, el 20% de Alemania, el 11% de Irlanda; el 9% del Reino Unido y el 12% del resto de Europa. El volumen de exportaciones supera los 2.000 millones de euros, las importaciones alcanzan 1.000 millones de euros.

El Parque Tecnológico de Plassey, creado en 1984, se ha convertido en el centro de atracción de empresas de alta tecnología y, en particular, de las relacionadas con la sociedad del conocimiento. En la actualidad, con más de 80 organizaciones que emplean a más de 3.000 trabajadores de alta cualificación, el Parque es una mezcla de empresas subsidiarias de firmas multinacionales, de compañías tecnológicas irlandesas, de entidades de I + D y de empresas de servicios de apoyo. Las actividades dominantes en el Parque son las de las tecnologías de la información y las comunicaciones, las de materiales y las de e-business. El Parque provee a las empresas de un amplio abanico de servicios, entre los que hay que señalar los de planificación y urbanismo, marketing, servicios relacionados con las tecnologías de la información, y asistencia en las relaciones de las empresas del parque con la Universidad de Limerick y el Instituto Tecnológico de Limerick.

El éxito de Shannon Development reside en que desde sus inicios situó a la innovación en el centro de sus actividades, así como en la forma de organización, flexible y con gran autonomía, que le permitió acceder a diversas fuentes de financiación, sobre todo provenientes de la Unión Europea. La agencia es una empresa de responsabilidad limitada, cuyo capital pertenece al estado y cuyas competencias y funciones no se establecen por ley sino por los estatutos fundacionales que han estimulado formas de organización y gestión avanzadas y de carácter empresarial. Un rasgo característico de esta organización es que sus gestores le han dado siempre gran importancia a la planificación de sus actividades, fijando objetivos claros y alcanzables, a partir de una visión de futuro ajustada a los cambios del sistema económico internacional.

Fuente: http://www.Shannon-dev.ie

Por último, la agencia de desarrollo económico local (ADEL) de Alma Mons que opera en Novi Sad, en la región de Vojvodina situada al norte de Yugoslavia, es un ejemplo de agencia en la que participan instituciones internacionales y actores públicos y privados. Empezó a funcionar formalmente en diciembre de 2001, bajo los auspicios de la Oficina de Naciones Unidas para el Desarrollo, la Agencia Alemana para la Cooperación Técnica (GTZ) y la ciudad italiana de Módena. La ADEL ha adoptado la forma jurídica de una empresa de responsabilidad limitada, y tiene catorce miembros entre los que están el Ayuntamiento de Novi Sad, que ha ejercido un importante liderazgo, el Gobierno Regional, las universidades de Novi Sad, varias asociaciones de empresarios, la Cámara de Comercio y varias organizaciones no gubernamentales. Todos los miembros se han comprometido formalmente a impulsar los objetivos de la agencia, que entre otros son: proporcionar los servicios necesarios para establecer un sistema estable de negocios, dar formación e información para la creación y desarrollo de las pequeñas y medianas empresas, así como desarrollar un mercado para los servicios a las empresas.

En resumen, la gobernación del desarrollo se presenta de formas muy diferentes, según las características de cada territorio y de los actores que concurren en ella en cada momento. Pero en todo caso, la capacidad de creación de acuerdos entre los actores y organizaciones y los resultados en términos del efecto sobre la dinámica de las empresas y el desarrollo económico depende de la existencia de un entorno institucional y de un sistema institucional que propicie las transacciones y los intercambios económicos, sociales y políticos.

6.5 Desarrollo negociado entre los actores

Como se viene argumentando, el desarrollo económico es un proceso que está firmemente vinculado a territorios concretos que históricamente han ido desarrollando sus propias instituciones. El proceso de desarrollo se ha ido produciendo gracias a la relación recíproca entre cambio estructural y cambio institucional y ha servido de catalizador de las transformaciones económicas, políticas y sociales.

En las últimas décadas, se ha asistido a un cambio institucional de primera magnitud, que ha propiciado la descentralización política y administrativa en todo tipo de países, lo que ha incidido sobre los mecanismos de desarrollo de las ciudades y regiones. La transferencia de competencias a las comunidades locales ha abierto el camino a las políticas de desarrollo endógeno, al poder las ciudades y regiones adoptar sus propias estrategias de desarrollo. De esta manera, el desarrollo se convierte en un proceso que integra las iniciativas de los actores locales con las que surgen desde fuera, bajo el control de la sociedad local.

En Europa y América Latina, durante los últimos veinticinco años, se ha asistido a un fuerte proceso de descentralización política y administrativa canalizado a través de los cambios constitucionales y de los ajustes de los sistemas administrativos, lo que ha dado un fuerte impulso al desarrollo de la gobernación territorial. La creación del estado de las autonomías, en el caso español, la descentralización administrativa, en el caso francés, el desarrollo de la Constitución de 1948, en el caso italiano, y la reciente concesión de autonomía a Gales y Escocia en el Reino Unido, son ejemplos de diferentes formas de devolución o reforzamiento de las competencias de las comunidades locales y regionales.

En América Latina, el proceso de descentralización toma formas diferentes según el estado se organice de forma federal (Argentina, Brasil, México, Venezuela) o unitaria (Colombia, Chile, Ecuador, Perú), como señala Madoery

(2001). En los países federales la descentralización puede significar cosas muy diferentes: mientras que en el caso de Argentina supone recuperar el federalismo postergado de hecho por el centralismo del estado junto con gobiernos no democráticos, en Venezuela, como indica Boisier, se trataría de realizar un ajuste constitucional demandado desde hace más de un siglo por la sociedad. En los países unitarios la situación es también muy diversa: mientras que en Chile se da el grado más elevado de descentralización territorial pero con baja descentralización fiscal, en Colombia al proceso de descentralización politicoterritorial hay que añadir una alta descentralización fiscal.

Estos cambios institucionales han abierto el camino al diseño y ejecución de iniciativas de desarrollo y a la adopción de formas más flexibles de organización de los actores públicos y privados. El asociacionismo y las redes, entre empresas y organizaciones territoriales, son las formas de colaboración y de cooperación más utilizadas. El asociacionismo permite realizar transacciones entre los agentes públicos y privados a partir de acuerdos formales. Gran parte de las agencias de desarrollo local utilizan este tipo de fórmulas. Un buen ejemplo es Hamburgische Gesellschaft für Wirtschaftstördeerung, Sociedad para el Desarrollo Empresarial de Hamburgo, creada en 1985, y en la que colaboran el Ayuntamiento, la cámara de comercio y varios bancos.

Pero también ha proliferado la formación de redes de empresas y organizaciones, basadas en la confianza entre las partes y orientadas a alcanzar objetivos muy concretos. Las redes complementan a las organizaciones convencionales y neutralizan los efectos perversos de su burocracia. Permiten establecer relaciones informales entre las organizaciones lo que facilita la toma de decisiones y su ejecución. Un buen ejemplo es la "red" de cultivos marinos de Connemara, en Irlanda, formada por la agencia de desarrollo regional (Udaras na Gaeltachta), las empresas privadas y cooperativas de pesca, la universidad local y una empresa de marketing.

En América Latina, la política de desarrollo endógeno se basa en iniciativas en las que participan los actores públicos y privados, lo que permite generalizar este tipo de estrategias. En Villa Salvador, Perú, se creó la Autoridad Autónoma del Parque Industrial del Cono Sur, que reúne a actores públicos y privados, con el fin de crear y desarrollar el Parque Industrial. En Jalisco, México, los empresarios locales, incluyendo a los directivos de las empresas multinacionales, juntamente con los actores públicos, participan en la creación de redes locales de proveedores. En Jinotega, en Nicaragua, la Agencia de Desarrollo Económico Local se apoya en la asociación de organizaciones públicas y privadas que componen la Asamblea General de la Agencia de Desarrollo, y está formada por los siete municipios del departamento, el Ministerio de Agricultura, el Instituto Nacional de Tecnología Agraria, el Instituto Nacional para el Desarrollo de la Distribución de Agua, la Compañía Nacional de Telecomunicaciones, la Compañía Nacional de la Electricidad, el Programa Nacional para el Desarrollo Rural y la Cámara de Comercio; la agencia da servicios financieros (un fondo para créditos) y técnicos (formación, asistencia técnica, información) a las pequeñas y microempresas y contribuye al surgimiento de empresas y cooperativas.

Finalmente, las demandas de nuevas formas de organización y de gestión de las políticas han generado una nueva aproximación a la programación económica, basada en la negociación y el consenso entre los actores con intereses en el territorio, que progresivamente se ha ido institucionalizando desde principios de los años noventa, no sin tensiones entre las administraciones centrales, las administraciones locales y las regionales. Han aparecido así instrumentos de programación negociada, como son los pactos territoriales, al mismo tiempo que se abre camino la idea de la necesidad de establecer acuerdos de planificación con las empresas procedentes de otros territorios.

Un pacto territorial consiste en un acuerdo entre los actores públicos y privados que permite identificar las acciones de diversa naturaleza que facilitan la promoción del desarrollo en una región. Se trata, por lo tanto, de un instrumento que permite la realización coordinada de las acciones de los diferentes actores, cada uno según sus competencias, y que tiene financiación pública. Los pactos territoriales son la expresión del asociacionismo de los actores de un territorio, que pueden diseñar y promover las administraciones públicas locales, las cámaras de comercio, así como los representantes de los empresarios, trabajadores y de la sociedad local.

Los primeros pactos territoriales surgieron en el sur de Italia para llenar el vacío que había creado la supresión de la política extraordinaria para el Mezzogiorno en el año 1991, y posteriormente se extendieron al resto de Italia, a la Unión Europea y a América Latina. Como se ha argumentado anteriormente, el hecho de que las instituciones locales realicen sus propias elecciones de política económica a través de consorcios, pactos, gestión común de servicios y acuerdos con otras instituciones y organizaciones, hay que relacionarlo con la aceptación creciente de que la reducción del poder de la administración central permite una mayor eficacia en la gestión y un aumento de la solidaridad en la sociedad, y con aquellos cambios institucionales que facilitan la participación público-privada en los procesos de planificación y gestión del desarrollo territorial.

Por su lado, la planificación estratégica territorial se ha convertido en los últimos años en un instrumento de gran valor para racionalizar la toma de decisiones y la gestión en las ciudades y regiones. Existen múltiples ejemplos en todo tipo de ciudades y regiones: en las grandes ciudades internacionales como San Francisco, Barcelona, Río de Janeiro y Sevilla; en regiones industriales como Córdoba en Argentina, Filadelfia en Pensilvania, y Bilbao y Vigo en España; en municipios de regiones metropolitanas como Alcalá de Guadaira en Sevilla y Alcobendas en Madrid; en ciudades y regiones de países en desarrollo como Marruecos, Túnez y Libia, en donde se definen las funciones de las iniciativas de la Agencias de Desarrollo Económico Local, animadas por el PNUD y la OIT sobre la base de planes estratégicos.

La conceptualización de la ciudad o la región como una organización emprendedora permite aplicar las diversas formulaciones que se han ido elaborando en el sector privado. Tanto la planificación como la gestión estratégica se sustenta en el compromiso de actuar conjuntamente para mejorar la posición competitiva de las empresas y de la ciudad o región, por parte de los actores y organizaciones del territorio, que forman lo que ha venido en denominarse la alta dirección de la ciudad o región y que, en el caso del Plan Estratégico de Vigo, por ejemplo, está formada, entre otras organizaciones, por el Ayuntamiento, la Zona Franca, la Autoridad Portuaria, la Confederación de Empresarios, la Cámara de Comercio, el Club Financiero, Caixanova, los partidos políticos, los sindicatos y las empresas Citroën y Pescanova. Este compromiso es la base sobre la que se sustenta la definición de los objetivos y acciones estratégicos y, posteriormente, su ejecución a través de una Oficina del Plan en la que los actores locales contribuyen a la realización de los programas y proyectos estratégicos y controlan los resultados de la gestión.

7. Desarrollo sostenible de la economía

A partir de los años ochenta ha renacido el interés por el desarrollo económico, como consecuencia de un conjunto de hechos que concurren en ese importante momento de cambio. Los avances de la modelización económica, de una parte, favorecieron la aparición de nuevos planteamientos que permitían hilvanar las intuiciones de los años cincuenta en un discurso riguroso y coherente. Pero, además, el cambio del contexto político internacional propició la aceptación de los nuevos enfoques y su difusión a través de las universidades y organizaciones internacionales, como las oficinas de Naciones Unidas, la OIT y el Banco Mundial. Por último, como dice Easterly, la reducción de las desigualdades y la erradicación de la pobreza sigue motivando a quienes se ocupan de los problemas del desarrollo en la búsqueda de las "claves del crecimiento".

La revisión del pensamiento neoclásico, llevada a cabo por Romer y sus seguidores desde mediados de los años ochenta, indicando que se puede considerar el cambio tecnológico como "endógeno" al proceso de crecimiento y no un fenómeno externo, como afirmaba la visión tradicional, y la reformulación de su enfoque durante los años noventa, suponen un paso adelante en la interpretación del crecimiento económico, ya que permite argumentar que la ley de rendimientos decrecientes es reversible cuando las economías externas estimulan el crecimiento de la productividad. Por lo tanto, los países, las regiones y las ciudades, pueden encontrar una senda de desarrollo sostenible y duradero si son capaces de generar rendimientos crecientes.

La interpretación del desarrollo se fortalece cuando se analizan los efectos sobre el progreso económico que tienen las fuerzas que están detrás de lo que Nelson denomina "las fuentes inmediatas del desarrollo". La sostenibilidad del desarrollo económico se puede explicar en función de las conclusiones de la discusión realizada en los capítulos anteriores. La difusión de las innovaciones y el conocimiento, la organización flexible de la producción, el desarrollo urbano del territorio y el cambio y adaptación de las instituciones, son procesos que determinan la acumulación de capital y explican el crecimiento de la productividad y el progreso económico y social.

Pero, la interacción de las fuerzas del desarrollo y la sinergia que se crea entre ellas es lo que multiplica los efectos de cada una de ellas, lo que mantiene el desarrollo económico a largo plazo. Por lo tanto, cuando las iniciativas de desarrollo son capaces de activar las fuerzas del desarrollo e impulsar sus efectos sinérgicos sobre el crecimiento sostenido de la productividad se convierten en políticas de desarrollo sostenido de la economía.

7.1 El concepto de desarrollo endógeno

El desarrollo endógeno es una interpretación que surge ante la necesidad de entender los fenómenos que se están produciendo en esta nueva fase del proceso de integración económica, social e institucional. Dado que la integración económica se ha convertido en el marco de referencia en el que se realizan los intercambios económicos, los cambios en la organización de la producción y la difusión de las innovaciones, la interpretación de los procesos de crecimiento y sus efectos sociales es preciso hacerla dentro de estas nuevas coordenadas de la economía y la sociedad.

La conceptualización del desarrollo endógeno surge a principios de los años ochenta, como consecuencia de la confluencia de dos líneas de investigación: una, de carácter teórico, que siguiendo la tradición de las teorías del desarrollo de los años cuarenta, cincuenta y sesenta (como la del gran impulso, el crecimiento dualista o la teoría de la causación acumulativa y el crecimiento polarizado) propone que las economías externas estimulan el crecimiento de la productividad y de los rendimientos de los factores productivos; y otra, de carácter empírico, que incorpora los resultados de las investigaciones realizadas durante los años setenta y ochenta desde la teoría de la organización industrial, sobre la dinámica de los sistemas productivos locales y de los distritos industriales, que ha puesto en evidencia que la interacción de las redes de actores locales genera la reducción de los costes de producción y las economías de escala de las empresas, lo que impulsa el crecimiento económico.

Para comenzar, las ciudades, las regiones y los países tienen un conjunto de recursos (económicos, humanos, institucionales y culturales), que constituyen su potencial de desarrollo. En un momento histórico concreto, una colectividad territorial, por iniciativa propia, puede encontrar nuevas ideas y proyectos que le permitan utilizar sus recursos para producir bienes y servicios y mejorar su posicionamiento en los mercados. Para que este cambio sea posible, la ciudad, la región o el país necesitan disponer de un sistema emprendedor, capaz de invertir e introducir las innovaciones tecnológicas, organizativas e institucionales necesarias para generar los procesos de desarrollo sostenible. No basta, por lo tanto, con disponer de gran cantidad de recursos, como les ocurre a Argentina y Venezuela, es necesario, además, que la economía tenga también una capacidad emprendedora y un entorno social e institucional favorable que los transforme en realidad, es decir en desarrollo.

El concepto de desarrollo endógeno reúne un conjunto de características que le dan una configuración específica. Ante todo, hay que decir que el desarrollo endógeno hace referencia a procesos de acumulación de capital en localidades y territorios concretos. Se trata de procesos de desarrollo impulsados por la capacidad de ahorro e inversión interna de las empresas y de la sociedad local, eventualmente apoyados desde fuera por las inversiones externas públicas y privadas. En todo caso, se basa en el esfuerzo propio para mejorar la posición competitiva de las empresas y, de manera biunívoca, de los territorios.

Los procesos de desarrollo endógeno se producen, asimismo, cuando las instituciones y mecanismos de regulación, que caracterizan a cada territorio, estimulan la utilización eficiente de los recursos propios. La forma de organización de la producción, los contratos y los mecanismos que gobiernan los acuerdos, los códigos de conducta de la población, las estructuras familiares y sociales y la cultura condicionan los procesos de desarrollo, favorecen o limitan la dinámica económica y, en definitiva, determinan la senda específica de desarrollo de cada territorio.

Además, el desarrollo endógeno obedece a una visión territorial de los procesos de crecimiento y cambio estructural que se apoya en la hipótesis de que el espacio no es un mero soporte físico de los recursos, actividades y procesos económicos, sino que es un agente de transformación social. Cada territorio se vincula al sistema de relaciones económicas, nacionales e internacionales, en función de su especificidad territorial, de su identidad económica, tecnológica, social y cultural.

De esta manera, el concepto de desarrollo endógeno concede un papel central a las empresas y organizaciones, así como a la propia sociedad civil, en los procesos de crecimiento y cambio estructural. Tal como sugiere Stöhr, los procesos de desarrollo económico se pueden dinamizar también "de abajo hacia arriba", a través de las decisiones de inversión y de localización de las empresas y de los actores locales, públicos y privados, unido al control de los procesos por parte de la sociedad organizada; tal como se observa en Europa desde finales de los años setenta y en América Latina desde principios de los años noventa del siglo XX.

Esta es, sin duda, una propuesta controvertida, ya que existen ejemplos de territorios cuyo desarrollo industrial se produjo gracias al impulso que "desde arriba" ejercieron las administraciones del estado. Saxenian (1994) hace referencia a que entre 1955 y 1968 el gobierno estadounidense invirtió 300 millones de dólares en contratos para la producción de semiconductores, gran parte de los cuales fueron al Silicon Valley. La Unión Europea, por su parte, ha previsto gastar entre 2000 y 2006 alrededor de 242.000 millones de euros de 1999 para dotar a los fondos estructurales y de cohesión, de los que se beneficiarán las regiones españolas por una cantidad de 56.205 millones de euros de 1999, que representará, según Laureano Lázaro (2002), entorno al 1,3% del PIB de España para el conjunto del periodo.

La política de desarrollo endógeno enfatiza precisamente que el desarrollo de un territorio se produce cuando se crea y se desarrolla la capacidad empresarial, capaz de difundir por el sistema productivo innovaciones y conocimientos que estimulan la mejora de la competitividad de las empresas. Esto requiere un cambio institucional singular que en el momento actual pasa por que todos los actores, públicos y privados, que toman las decisiones de inversión actúen de forma coordinada. Lo importante es que los impulsos que actúan sobre el territorio sean compatibles y provoquen la reacción de la comunidad local en favor del crecimiento y el cambio estructural. La cuestión, por lo tanto, estriba en que se produzca sinergia entre las acciones de "arriba-abajo", a través de las políticas sectoriales y espaciales, que promueven el desarrollo estructural, con las acciones de "abajo-arriba", que crean un entorno favorable al desarrollo empresarial (Vázquez Barquero, 1993).

En definitiva, en el escenario actual de transformaciones económicas, organizativas, tecnológicas, políticas e institucionales, la teoría del desarrollo endógeno resulta una interpretación útil, ya que analiza las fuerzas y los mecanismos del desarrollo económico, que tienen que ver con la organización de la producción, la difusión de las innovaciones, la dinámica urbana y el desarrollo de las instituciones (Vázquez Barquero, 2002).

7.2 La interacción de las fuerzas del desarrollo

Pero las fuerzas del desarrollo no son mecanismos autónomos que directamente producen sus efectos sobre el funcionamiento de la acumulación de capital y el aumento de la productividad. Por el contrario, se trata de procesos relacionados entre sí que ejercen efectos los unos sobre los otros, hasta el punto de que pueden reforzar los efectos combinados o pueden neutralizarse entre sí, ya que el mal funcionamiento de la organización de la producción o de la difusión de las innovaciones y el conocimiento afecta negativamente y debilita la capacidad de desarrollo de las demás fuerzas, limitando los impactos sobre el crecimiento de la productividad y el desarrollo. Es decir, la sostenibilidad del desarrollo depende del sentido y la cuantía de los efectos que produce la interacción entre las fuerzas del desarrollo.

7.2.1 El efecto sobre la organización de la producción

Como se ha indicado anteriormente, la forma en que se organiza la producción condiciona los mecanismos que facilitan el aumento de la productividad y el progreso económico. Pero la organización de los sistemas productivos es más eficiente cuando la difusión de las innovaciones, el desarrollo urbano y de las infraestructuras, y las instituciones locales responden a las necesidades de las empresas y demás organizaciones.

Las innovaciones condicionan la organización interna de las empresas y la organización de los sistemas productivos. La introducción de nuevos productos y nuevos métodos de producción requiere nuevas formas de organización interna de las empresas que las hagan más eficientes, como ha ocurrido con la industria del automóvil desde los tiempos en que Ford inventó la cadena de montaje a principios del siglo xx, hasta la subcontratación y externalización de partes del proceso productivo a proveedores reunidos en parques industriales. Por otro lado, la aplicación de nuevas tecnologías permite la división del proceso productivo en partes, la especialización productiva de las empresas y la reingeniería de configuración del sistema productivo del producto final; tanto en el caso de los distritos industriales como en el de las redes de empresas alrededor de las grandes empresas.

Las ciudades son el espacio físico de las empresas y de los sistemas productivos locales, ya que les proporcionan los recursos, bienes y servicios que necesitan para su funcionamiento. La ciudad es el espacio en el que se produce la atmósfera industrial y empresarial, donde se difunde el conocimiento técnico y tienen lugar los puntos de encuentro de la red de empresas; lo que produce el surgimiento de todo tipo de economías y la reducción de costes de las empresas.

Finalmente, el desarrollo institucional del territorio en el que las empresas realizan su actividad condiciona la forma de organización de la producción del sistema productivo. Cuando se han ido generando fuertes vínculos entre la población y las empresas se produce confianza entre las organizaciones, lo que favorece el intercambio de productos e información y difunde el conocimiento entre las plantas y empresas locales, lo que reduce los costes de transacción y activa la capacidad creadora y difusora del conocimiento técnico. Por otro lado, a través de los contratos y acuerdos formales entre empresas, se realizan las transacciones e intercambios económicos y se instrumentaliza la dinámica organizativa. Cuando se producen acuerdos estratégicos entre las empresas se disparan mecanismos que conducen a economías de escala en la producción y comercialización de bienes y servicios, a economías de alcance a través de la diferenciación de la producción, y, por último, a la reducción de los costes de producción a través de la ampliación de la capacidad de innovación.

7.2.2 El estimulo de la difusión de las innovaciones

Como se ha señalado, la difusión de las innovaciones y del conocimiento es un mecanismo determinante para el aumento de la productividad y de la competitividad de las empresas y territorios. Pero, para que el proceso de creación y difusión de las innovaciones se produzca es necesario que las demás fuerzas del desarrollo creen un entorno favorable a la innovación y al cambio.

La organización de la producción en el territorio condiciona el funcionamiento de los procesos de innovación. Cuando el sistema productivo se organiza en redes de empresas se facilita el intercambio del conocimiento y tecnologías y, en consecuencia, el acceso a las innovaciones a través de los intercambios y contactos formales e informales. Además, las cadenas de valor a través de las que se organizan las actividades productivas, condicionan las relaciones entre las empresas y el tipo de innovaciones introducidas en los procesos productivos, de tal forma que los cambios tecnológicos adoptados por unas empresas condicionan las innovaciones de las demás. Por último, en los sistemas productivos se producen resistencias a la difusión de las innovaciones cuando la organización de la producción es, en general, poco flexible y las empresas tienen escasa capacidad de aprendizaje.

La introducción y difusión de las innovaciones están condicionadas, además, por las características del sistema institucional, de tal forma que cuanto más flexibles y proactivas sean las redes entre los actores, más potentes serán los mecanismos de innovación. Cabe recordar que la creación y difusión de las innovaciones es un fenómeno interactivo basado en el aprendizaje colectivo de las empresas que depende de la capacidad creativa y de la cultura del tejido social e institucional del territorio. Además, la creación y difusión de las innovaciones están determinadas por la disposición de un entorno socioinstitucional favorable al fenómeno de la innovación, y por el funcionamiento e interacción del sistema territorial de innovación. Por último, los entornos institucionales determinan el funcionamiento de mecanismos de cooperación, junto con el de los contratos y acuerdos formales, por lo que también por esta vía condicionan la creación de innovaciones y la difusión del conocimiento. En este sentido, North (1990) apunta que entre las instituciones y la innovación existe una fuerte interacción que determina el sendero de desarrollo de las economías.

Landes (2000) argumenta que las instituciones de China de la edad media limitaban la difusión del conocimiento y la tecnología, cuando señala que la corte imperial y el mandarinato, con su poder omnímodo, no sólo sofocaban la disidencia política sino que también impedían las innovaciones, incluso las innovaciones tecnológicas, cuando amenazaban el status quo. Ello explica que China no haya aventajado en el desarrollo industrial a los países europeos, habiéndose adelantado, por ejemplo, a la aplicación de la maquinaria hidráulica para el hilado del cáñamo, disponible en el siglo XII, quinientos años antes que en Inglaterra; y en siderurgia, en donde lograron producir 125 mil toneladas de hierro en bruto a finales del siglo XI, cifra que no alcanzó Inglaterra hasta siete siglos después; o habiendo realizado grandes inventos como la carretilla, el compás, el papel, la imprenta o la pólvora.

En el Silicon Valley, según comenta Saxenian (1994), el Departamento de Defensa estimuló la liberalización de las licencias, siempre que se hubiera desarrollado un producto o un proceso con fondos públicos, asegurando que la invención pudiera ser utilizada por cualquiera que hubiera estado conectado a los proyectos financiados por el gobierno. En este orden de cosas, la propia universidad de Stanford fomentó la cooperación entre las empresas, apoyó a jóvenes emprendedores, como Hewlett y Packard, y creó un parque científico para estimular la creación y difusión de las innovaciones y del conocimiento.

Por último, las ciudades son y han sido históricamente el espacio en el que se crean las innovaciones, se producen los procesos de aprendizaje y se favorecen los procesos de difusión del conocimiento y la tecnología. La aglomeración, a su vez, permite las economías de escala necesarias para producir innovaciones.

7.2.3 Las fuerzas de la dinámica urbana

Las ciudades son, como hemos visto, el espacio nuclear del desarrollo endógeno. Las ciudades guardan economías ocultas, asociadas con la aglomeración y las externalidades, que favorecen el aumento de la productividad y el crecimiento. Las investigaciones empíricas y los estudios históricos muestran que existe una relación directa entre aglomeración y crecimiento (Ciccone, 2001). Ciccone y Hall (1996) establecen que al doblar la densidad de ocupación en un *county* de Estados Unidos aumenta la productividad media del trabajo en un 6%; y que al hacerlo en Europa, el aumento de la productividad de los NUT 3 (unidad territorial estadística de la Unión de tercer nivel; provincial en el caso español) es del 4,6%. Durante la revolución industrial de Europa en el siglo XIX el crecimiento aumentaba significativamente, mientras la tasa de urbanización crecía y se formaban *clusters* industriales que se han mantenido durante todo el siglo XX, sobre todo en los países de desarrollo tardío.

Pero, la eficiencia económica que supone el desarrollo urbano se ve reforzada por el efecto que ejercen los demás mecanismos determinantes del proceso de acumulación de capital y conocimiento. La difusión de las innovaciones en el tejido productivo, organizativo e institucional crea una nueva dinámica económica y urbana. La introducción y difusión de las innovaciones en el sistema productivo produce aumento de la productividad y de la renta de la ciudad, lo que genera un aumento de la demanda de servicios urbanos para las empresas y para los ciudadanos. La innovación en organización, procesos y transportes impulsa, a su vez, el proceso de urbanización y diversifica las funciones urbanas en las redes de ciudades, lo que estimula mecanismos que hacen el sistema urbano más policéntrico.

Además, la propia organización de la producción y sus cambios condiciona el desarrollo urbano. Así, cuando prevalecen las formas más flexibles de organización de la producción, como los distritos industriales o los nuevos modelos de organización de las grandes empresas, cambian las reglas de la localización de las empresas, y se dinamiza el sistema urbano de tal forma que tiende a ser cada vez más policéntrico. En este sentido, la organización de la producción incide directamente en el proceso de urbanización.

La historia, la cultura y las instituciones caracterizan a las ciudades y ejercen un fuerte condicionamiento en el desarrollo urbano. La existencia de un contexto institucional (normas, conductas, organizaciones) flexible y adecuado a las necesidades y demandas de los actores económicos, políticos y sociales reduce la incertidumbre y atrae las inversiones, lo que fomenta el proceso de urbanización. La dinámica del desarrollo económico requiere cambios de las instituciones locales que suponen aumentos y cambios en los servicios públicos y asistenciales y la atracción de empresas de servicios privados, lo que genera y estimula el desarrollo urbano. Pero estos procesos no son lineales sino que frecuentemente encuentran resistencias institucionales y sociales al cambio, lo que tiene sus efectos en el proceso de urbanización. Por último, las ciudades pueden entenderse como una red de actores que interactúan entre sí y en la que las instituciones crean las condiciones para establecer acuerdos que favorezcan la cooperación. Estos mecanismos institucionales favorecen los procesos de inversión y el desarrollo urbano.

7.2.4 Las condiciones del cambio institucional

El desarrollo de las instituciones y sus cambios son uno de los mecanismos básicos de los procesos de crecimiento económico y cambio estructural, ya que facilitan la interacción entre las empresas y los actores y reducen el riesgo y la incertidumbre en los intercambios, lo que facilita el funcionamiento del sistema económico. Ahora bien, las instituciones surgen, cambian y se transforman como consecuencia de las condiciones históricas, culturales y asociativas en cada etapa del proceso de desarrollo económico, por lo que están determinadas, entre otros factores, por el cambio tecnológico, las formas de organización de la producción y las condiciones específicas del territorio.

El cambio tecnológico afecta directamente a los procesos de crecimiento, lo que crea nuevas necesidades y demandas de instituciones que faciliten los procesos de acumulación de capital y conocimiento. Las innovaciones transforman el entorno en el que se produce la actividad productiva, hacen surgir nuevas oportunidades de negocio y nuevas formas de realizarlos, lo que exige instituciones adecuadas y nuevas formas de regulación. Cuando las innovaciones generan nuevas actividades que suponen transformaciones en las relaciones de poder y nuevos acuerdos entre las empresas y actores, es necesario una regulación adecuada para los nuevos negocios.

Un buen ejemplo de estos cambios son las transformaciones que se han producido en las normas y la regulación de las nuevas actividades que surgieron como consecuencia de la introducción de las nuevas tecnologías de la información y de la comunicación en España. Durante los años ochenta y noventa del siglo pasado, en España, lo mismo que en Inglaterra, Francia e Italia, aumentó a un gran ritmo la producción de servicios que utilizan tecnologías de la información y la comunicación, como son los de información e informática, las telecomunicaciones y los servicios financieros y bancarios, así como los servicios de consultoría, publicidad y audiovisuales. Este crecimiento ha ido acompañado de la adopción de una nueva normativa, que regula los antiguos y nuevos sectores, y cuya ejecución ha ido acompañada de una fuerte pugna entre las empresas por mejorar la cuota de mercado. Pero, está claro que la introducción de la nueva telefonía y del ordenador personal está cambiando las formas de comportamiento y los códigos de conducta de las personas y de las organizaciones.

Las formas de organización y sus transformaciones determinan, a su vez, instituciones apropiadas que faciliten las relaciones entre las empresas y las organizaciones. Cuando la producción se realiza a través de empresas y grupos de empresas de claro corte fordista, en donde la jerarquía determina las relaciones y los intercambios entre las unidades de producción, se utilizan formas institucionales como las normas y los contratos que garantizan el cumplimiento de los acuerdos. Pero, cuando la producción se organiza a través de redes de empresas, del tipo de los distritos industriales, la costumbre y la confianza marcan las relaciones entre las empresas de la red. Por último, en los acuerdos y alianzas estratégicas entre empresas, las relaciones explícitas y codificadas requieren ser instrumentadas a través de contratos que no excluyen mecanismos de confianza.

Las instituciones, además, toman formas específicas en cada territorio debido a las diferencias en su historia tecnológica y económica, a las diferencias culturales y a las diferencias entre los actores y formas de asociación. La ciudad es un espacio construido en el que se han ido sedimentando históricamente modos de desarrollo, formas de comportamiento y pautas culturales que condicionan la evolución y la dinámica de las instituciones a medida que se produce el proceso de crecimiento. La ciudad es un espacio de redes de actores, cuyas interacciones e intercambios han dado lugar a códigos de conducta y al establecimiento de reglas propias basadas en la confianza. A medida que el comportamiento de los actores se hace estratégico los acuerdos tienden a ser formales y las relaciones se sujetan, cada vez más, a reglas acordadas de forma explícita. Por último, los cambios en el sistema urbano y la progresiva formación de redes de ciudades hacen surgir nuevas necesidades y demandas de reglas y códigos de conducta que regulen las relaciones, incluso internacionales, entre las ciudades.

7.3 La sinergia de las fuerzas del desarrollo

La teoría del desarrollo endógeno sitúa la discusión sobre el crecimiento y cambio estructural en el análisis de las fuerzas y de los mecanismos que condicionan el comportamiento de la productividad de los factores productivos y la dinámica de la acumulación de capital. Argumenta que todos y cada uno de los mecanismos y fuerzas determinantes de la acumulación de capital afectan y condicionan los procesos de transformación y desarrollo de las economías.

Las economías se desarrollan y crecen cuando la organización de los sistemas productivos es más flexible y se forman redes y alianzas para competir, que favorecen las economías internas y externas de escala y mejoran el posicionamiento competitivo de las empresas. Las economías se desarrollan y crecen cuando se difunden las innovaciones y el conocimiento entre las empresas y los territorios, de tal manera que aumentan y se diferencian los productos, se reducen los costes de producción y mejoran las economías de escala. Las economías se desarrollan y crecen cuando las empresas realizan sus actividades productivas en ciudades y regiones urbanas emprendedoras y dinámicas que disponen de atractivos, economías e indivisibilidades que contribuyen a la mejora de los resultados de las empresas. Las economías se desarrollan y crecen cuando las instituciones se transforman y adaptan a las nuevas condiciones, lo que permite que las empresas y los actores puedan desarrollar acuerdos y contratos y realizar intercambios con bajos costes de transacción.

De acuerdo con lo anterior, las ciudades, regiones y países deberían tener más éxito en sus procesos de crecimiento y cambio estructural, cuando todas las fuerzas que gobiernan los procesos de crecimiento económico actúan conjuntamente, creando sinergias entre ellas y reforzando su efecto sobre la productividad y el rendimiento de los factores productivos. Se puede decir, entonces, que los mecanismos y fuerzas del crecimiento forman un sistema que permite multiplicar el efecto de cada uno de ellos, dando lugar a un efecto ampliado que vamos a denominar factor de sinergia H. De aquí, que se pueda argumentar la existencia de rendimientos crecientes cuando se produce el efecto H.

Los procesos de acumulación de capital requieren, en alguna medida, la actuación combinada de todos los factores que dan lugar al efecto H. No es posible que las redes de empresas funcionen eficazmente y promuevan la reducción de los costes de transacción y la realización de economías de escala y de alcance, si las instituciones que condicionan el funcionamiento de las relaciones entre las empresas no favorecen que exista confianza entre los actores y sea posible la competencia leal entre los agentes económicos, y no garantizan el cumplimiento de los contratos que acuerdan las empresas.

La creación y difusión de las innovaciones, a su vez, encuentra dificultades para reducir los costes de producción y potenciar la presencia de las empresas en los mercados, si el sistema institucional no estimula la interacción entre los actores y el aprendizaje colectivo, a través de la cooperación y de los acuerdos entre empresas y organizaciones; también, cuando el entorno socioinstitucional no facilita el buen funcionamiento de las organizaciones dedicadas a la investigación y a la difusión del conocimiento. Por último, las economías ocultas y las externalidades existentes en las ciudades afloran con facilidad cuando el contexto institucional responde a las necesidades y demandas de los actores económicos, sociales y políticos, y cuando las instituciones facilitan el encuentro y la cooperación entre los actores.

En resumen, existen fuertes interacciones entre los mecanismos que determinan los procesos de crecimiento económico y cambio estructural. Según se ha indicado anteriormente todas y cada una de las fuerzas determinantes de la acumulación de capital actúan como dinamizadoras o limitadoras de los procesos de desarrollo según que el factor de sinergia H sea positivo o no, es decir, potencie o frene los procesos de cambio. Cada una de las fuerzas del crecimiento económico sólo puede optimizar su impacto sobre el proceso de desarrollo cuando el conjunto de fuerzas actúan de manera positivamente coordinada. Es decir, son los sistemas de relaciones que existen entre ellas los que condicionan, mediante la interacción, los procesos de desarrollo.

Ello explicaría las diferencias que se observan en la dinámica de las ciudades, regiones y países. La diferencia entre los procesos de desarrollo no está sólo en las diferencias que puedan existir en lo que concierne a la disponibilidad de recursos y a los niveles de ahorro e inversión. Las diferencias en la dinámica de las ciudades y regiones residen, sobre todo, en la interacción entre los mecanismos y fuerzas que inciden en el proceso de desarrollo endógeno. Las economías se han ido desarrollando gracias a la difusión de las innovaciones en su tejido productivo, a la organización del sistema productivo, al desarrollo de instituciones adecuadas y a las mejoras de sus infraestructuras y medioambiente. Pero, lo que marca verdaderamente la diferencia entre los procesos de desarrollo económico de los territorios son, precisamente, las externalidades que genera la interacción entre estos procesos.

El factor de sinergia H es, por lo tanto, un factor de eficiencia complejo asociado a la coordinación y gestión, que se produce como consecuencia de las economías conjuntas que generan todos los mecanismos determinantes de la acumulación de capital, a medida que el proceso de crecimiento y cambio estructural tiene lugar. El buen funcionamiento de la red y la interacción de actores e instituciones reduce los costes de información y la incertidumbre; la transmisión expresa y tácita del conocimiento en el tejido productivo y organizativo mejora la calidad de los recursos, hace más eficientes los procesos productivos y hace más competitivas a las empresas; el aprendizaje de los actores mejora los resultados de sus decisiones; la disponibilidad de instituciones que satisfacen las necesidades y demandas de los agentes y actores económicos, políticos y sociales, facilita la coordinación en la toma de decisiones de los actores. Cuando esto ocurre, se está en presencia de una gestión estratégica de un territorio.

7.4 La política de desarrollo endógeno

De acuerdo con lo anterior, la política de desarrollo endógeno cumple una función relevante en los procesos de desarrollo económico, puesto que actúa como catalizador de los mecanismos de interacción, a través de las iniciativas locales: facilita el desarrollo empresarial y la creación de redes de empresas, fomenta la difusión de las innovaciones y el conocimiento, mejora la diversidad urbana y estimula el desarrollo del tejido institucional. Es decir, la nueva política de desarrollo se propone, precisamente, mejorar el funcionamiento de cada una de las fuerzas determinantes de la acumulación de capital y conocimiento.

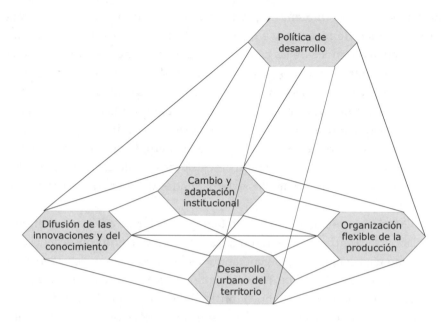

Figura 7.1. La nueva política de desarrollo

Uno de los objetivos centrales de la nueva política del desarrollo consiste en apoyar el proceso continuo de mejora de la capacidad empresarial y organizativa del territorio. Por una parte, todas las iniciativas locales se proponen como objetivo prioritario, generar el surgimiento de nuevas empresas y mejorar la capacidad empresarial y organizativa de sus agentes económicos. Con ese fin, en las últimas décadas han aparecido incubadoras de empresas, centros de empresas e innovación, e iniciativas que impulsan la capacidad emprendedora de grupos sociales-objetivo como los jóvenes y las mujeres. Además, en los últimos años, ha comenzado a revitalizarse la política de atracción de empresas que permiten la endogenización de sus actividades en el territorio, mediante nuevas formas de regulación, como los pactos territoriales, que facilitan las relaciones entre las empresas externas y el territorio.

Además, las iniciativas para la creación y difusión de las innovaciones desempeñan, también, un papel central en la nueva política de desarrollo. Desde hace décadas uno de los ejes de la reestructuración y modernización de las economías locales ha sido facilitar los procesos de adopción y adaptación de tecnologías en los sistemas productivos, mediante instrumentos como los centros de innovación, los parques científicos, los parques tecnológicos y los institutos tecnológicos. Entre sus finalidades estaba estimular la transferencia y difusión de las innovaciones en el tejido productivo, favorecer el surgimiento y desarrollo de empresas e infraestructuras de tecnología moderna y, en definitiva, satisfacer las necesidades y las demandas de servicios tecnológicos de las empresas, en momentos en los que el aumento de la competencia exige mejorar las respuestas tecnológicas.

A su vez, el desarrollo urbano del territorio es una de las dimensiones principales de la nueva política de desarrollo. De un lado, las iniciativas dirigidas a reforzar las infraestructuras urbanas de transporte y comunicaciones, a proporcionar suelo equipado a las empresas y mejorar el capital social de las ciudades, a recuperar el patrimonio histórico y cultural y mejorar el medioambiente constituyen acciones que pretenden hacer las ciudades más atractivas para vivir y producir. Por otro lado, la creación de servicios como las ferias de muestras o los centros de negocios, el marketing urbano a través de campañas de imagen y la creación de edificios emblemáticos hacen más atractiva a la ciudad, generan inversiones, promueven la demanda de servicios urbanos y, en suma, activan los procesos de urbanización. En todo caso, la adaptación de la regulación y normas a las necesidades y demandas de las empresas y ciudadanos y el mejor funcionamiento de los servicios públicos refuerzan el atractivo de la ciudad, lo que favorece el desarrollo urbano de los territorios.

Desde otro punto de vista, la nueva política de desarrollo se basa en una nueva forma de regulación de las relaciones entre los actores económicos, sociales y políticos. Por un lado, se trata de una forma de gobernación que diseña y ejecuta políticas basadas en la negociación y los acuerdos específicos de los actores. La instrumentación de las acciones se realiza a través de agencias intermediarias específicas promovidas y gestionadas por los actores locales. Por último, entre sus formas de actuación está el desarrollo y potenciación de fórmulas como el asociacionismo y la creación de redes entre los actores locales.

La nueva política de desarrollo es, además, un instrumento que se propone integrar los diversos tipos de acciones de forma cada vez más ajustada a las necesidades de los sistemas productivos y a la demanda de las empresas. Su objetivo es actuar combinadamente sobre todos los mecanismos y fuerzas del desarrollo, intentando crear y mejorar los efectos sinérgicos entre ellos, de tal forma que se den las condiciones para un crecimiento sostenido de la productividad y se estimule el desarrollo sostenible de cada localidad o territorio.

En síntesis, lo que le concede un carácter innovador a las políticas de desarrollo endógeno son, entre otras, las siguientes características:

- Se trata de una política de desarrollo económico (industrial, tecnológica, de formación y empleo, medioambiental) diseñada y ejecutada por los Ayuntamientos y las regiones (dentro del cuadro macroeconómico general), con financiación procedente de diversas áreas del estado, lo que sucede por primera vez desde que la política económica moderna existe.

- Es una política que ha surgido espontáneamente y que, como argumenta el libro, incide directamente sobre las fuerzas del desarrollo, lo que permite decir que tiene racionalidad económica. Aunque no siempre las administraciones centrales de muchos países consideran que este enfoque sea relevante, las organizaciones internacionales (como PNUD, OIT, BID, UE) la utilizan cada vez más para instrumentar la ayuda al desarrollo (ayuda descentralizada), superando así las limitaciones del enfoque del "déficit financiero", como se ha indicado en el capítulo segundo.

- Se trata de una política de desarrollo que busca la creación local de riqueza y empleo y no solamente redistributiva, como las de los años cincuenta, sesenta y setenta (tanto las políticas sociales y de welfare, como las políticas macroeconómicas, las hacen mejor las administraciones de los estados, o de las uniones de estados). Es, en esencia, una política que se propone estimular el surgimiento y el desarrollo de las empresas en un mundo cada vez más integrado y competido, por lo que no es una política asistencial, aunque se consideren objetivos sociales, como son el aumento del empleo y la mejora de la renta y de bienestar de la población de territorios específicos;

- Es una política participativa en la que la sociedad civil organizada diseña y controla la política de desarrollo (a través de instrumentos como la planificación y gestión estratégica) y en la que los actores locales participan en la dirección de los instrumentos de desarrollo como, por ejemplo, sucede en los consejos de administración de los institutos tecnológicos de Valencia.

Pero ¿qué enseñanzas se pueden extraer de los resultados que se han obtenido con este tipo de políticas? ¿Cuáles son los factores, si los hay, que condicionan los resultados finales? ¿Por qué algunos instrumentos han funcionado y otros no? ¿Por qué algunos territorios han tenido mejores resultados que otros? Específicamente, ¿por qué parques tecnológicos espontáneos como el Silicon Valley o la Route 128 han funcionado bien y los parques científicos de China, tienen resultados, más bien pobres?

Es difícil responder a este tipo de cuestiones teniendo un conocimiento limitado de la evolución de las políticas de desarrollo endógeno y de sus instrumentos, restringidos a estudios ocasionales o visitas técnicas puntuales. Sin embargo, hay una cuestión que afecta de forma particular al éxito de las políticas y a los resultados de los instrumentos utilizados, y es que las acciones e iniciativas necesariamente han de obedecer a una estrategia y política de desarrollo específica de cada ciudad o región que defina los objetivos y las metas prioritarias que se desean alcanzar, debido precisamente a la interacción de los procesos que explican el desarrollo de las economías. Cuando no es así, tan sólo por casualidad los resultados pueden ser los esperados.

El éxito de la política depende, entonces, de la adaptación de las acciones que le dan cuerpo a las condiciones económicas y sociales de cada localidad o territorio. Las políticas de desarrollo endógeno toman formas diferentes en las regiones de vieja industrialización, como el País Vasco, en España, o el Gran ABC, en Brasil, que atraviesan por fuertes procesos de reconversión o reestructuración industrial; en las áreas de industrialización endógena, como Alicante o la región de las Marcas, en Italia, que deslocalizan la actividad industrial a otros territorios y desarrollan cada vez más los servicios; o en las áreas rurales con potencial de desarrollo, como pueda ser la región de Chiapas en México, de Santa Cruz de la Sierra en Bolivia o la de los Cuchumatanes en Guatemala, que están en las primeras fases de los procesos de desarrollo industrial. Los resultados de la creación de instrumentos para el desarrollo dependerán, además, de la potencialidad para crear empresas, de la cualificación de la mano de obra, de la oferta de servicios a las empresas y de formación, de la calidad del sistema de transporte y comunicaciones.

Pero el éxito de los instrumentos de desarrollo también depende de que exista un mercado para los servicios que los centros de empresas, los institutos tecnológicos o las propias agencias de desarrollo pueden ofrecer, y que no esté cubierto ya por empresas privadas o por organizaciones del mismo tipo que la que se pretende crear. Las buenas prácticas aconsejan que, desde su creación, los instrumentos para estimular el desarrollo endógeno hayan definido con precisión su público empresarial objetivo, las necesidades y carencias a cubrir, los objetivos que los servicios deben alcanzar y las facilidades técnicas necesarias que deben proporcionar a los clientes.

Este tipo de consideraciones llevaría a aceptar, por ejemplo, que los parques científicos y tecnológicos son instrumentos para la difusión de innovaciones en un tejido empresarial concreto y determinado. Por ello, cuando se está creando el tejido empresarial como sucede en los casos del Parque Tecnológico de Malasia o el Parque Científico de Pekín, y no se precisa de forma satisfactoria el colectivo al que se dirige la acción, los resultados en términos de creación y desarrollo de empresas innovadoras pueden quedarse por debajo de lo proyectado. Los criterios de selección de iniciativas en la incubadora de empresas del Parque Científico de Pekín son un tanto ambiguos, ya que mezclan aspectos como la viabilidad técnica y económica de los proyectos y su carácter innovador, con aspectos relacionados con el interés académico de los proyectos, que es una cuestión ajena al funcionamiento del instrumento, lo que puede afectar negativamente a su eficacia y, por lo tanto, a los resultados que cabría esperar de una incubadora de empresas.

La gestión de las iniciativas locales y de los instrumentos es una cuestión que afecta de manera especial a los resultados de la política de desarrollo. El éxito de las políticas descansa en la fortaleza del compromiso con el proyecto y la motivación de los promotores. Para alcanzar los objetivos se precisa el apoyo expreso o tácito de las instituciones y empresas que forman la alta dirección de la ciudad o de la región. Pero, además, la persona responsable de la gestión y dirección de las agencias y centros de servicios necesariamente ha de tener experiencia en la gestión de los instrumentos y de organismos intermedios, unido a un fuerte compromiso con los valores éticos que regulan el sistema de mercado. Por ello, la inoperancia de las acciones de desarrollo y el mal funcionamiento de los instrumentos están frecuentemente asociados con cuestiones de gestión. En este sentido, es de gran importancia que, como ocurre en los institutos tecnológicos del País Valenciano, las empresas que utilizan los servicios, es decir los clientes de las agencias, formen parte de las organizaciones intermediarias del desarrollo, estando presente en los órganos de dirección, como el consejo de administración, responsables de la definición de los servicios y de su evaluación.

En cuanto a los aspectos financieros del proyecto y los medios de financiación de los servicios que se propone proporcionar a las empresas deben de estar bien establecidos desde el inicio de la ejecución de las iniciativas de desarrollo. Por ello, la experiencia aconseja que los centros de empresas, los institutos tecnológicos o los centros de formación se creen a partir de un plan de empresas del centro que sea claro, coherente, consistente y realista, que establezca las necesidades de financiación, los objetivos financieros, los recursos propios dedicados a la financiación del centro y las acciones para atraer recursos externos. Desde el primer momento conviene que exista una elevada consistencia interna entre las cifras financieras que se manejan con la estrategia de desarrollo y el comportamiento previsible del mercado de servicios para el desarrollo empresarial; si bien es necesario ajustar la estrategia de desarrollo a los cambios del entorno y a los resultados que se van obteniendo como consecuencia de la ejecución de los proyectos. Los instrumentos para el desarrollo local suelen ser organizaciones sin fines de lucro que pretenden cubrir las necesidades de financiación con el pago a los servicios prestados, lo cual es frecuentemente un objetivo inalcanzable, pero no por ello debe de dejar de orientar a los directivos y gestores de las políticas de desarrollo endógeno.

Finalmente, la administración central del estado y las organizaciones internacionales tienen un papel importante que desempeñar en la instrumentación de la política de desarrollo endógeno, tanto en el plano técnico como financiero. Aunque la política de desarrollo endógeno no se entienda como una política de estado debido a que ha surgido espontáneamente como respuesta de los municipios y de las regiones a los problemas del ajuste productivo y de la inclusión social, las buenas prácticas aconsejan que las administraciones centrales deben asumirla como propia, ya que es coherente con sus objetivos de crecimiento, aumento de la productividad y ajuste productivo. Es más, pueden proponerla como una actuación de la misma forma que lo hacen los organismos internacionales, arbitrando líneas de financiación en sus presupuestos para las acciones e instrumentos que se proponen el desarrollo endógeno, especificando las condiciones que las iniciativas locales deben cumplir para poder acogerse a la financiación del estado.

7.5 Un debate que continúa

La discusión anterior pone de relieve que el desarrollo endógeno es una interpretación que explica los procesos de crecimiento, industrialización y cambio estructural de los países, ciudades y regiones y que, además, facilita el diseño y ejecución de estrategias y acciones viables, en un mundo en el que la integración económica ha hecho aumentar la competencia y está transformando el entorno en el que se producen los procesos de desarrollo.

Es una interpretación que se apoya en las contribuciones que han hecho los economistas clásicos y los contemporáneos. Recupera, en particular, las aportaciones de Schumpeter y Kuznets sobre formación de capital, cambio tecnológico y aumento de la productividad; las de Marshall y Rosenstein-Rodan sobre organización de la producción y rendimientos crecientes; las de Perroux y Jacobs sobre polos de crecimiento, desarrollo urbano y economías de aglomeración; las de Coase y North sobre el desarrollo de las instituciones y la reducción de costes de transacción; y hace un esfuerzo por situar la discusión sobre el crecimiento sostenido de la productividad en esta perspectiva.

El desarrollo endógeno es, además, una interpretación que tiene características propias. Cuando se la compara con los modelos de crecimiento endógeno que han inundado revistas y libros después de la aparición del trabajo seminal de Romer, se aprecia que tiene similitudes y diferencias notables con ellos. La teoría del desarrollo endógeno y los modelos de crecimiento endógeno aceptan que existen diferentes sendas de crecimiento de las economías en función de los recursos disponibles y de la capacidad de ahorro e inversión, que los rendimientos de los factores pueden ser crecientes, que el progreso tecnológico es endógeno en los procesos de crecimiento y que existe un espacio para las políticas de desarrollo industrial y regional.

Sin embargo, la teoría del desarrollo endógeno se diferencia de la del crecimiento endógeno en que integra el crecimiento de la producción en la organización social del territorio, en que adopta una visión territorial y no funcional de los procesos de crecimiento y cambio estructural, en que entiende que el cambio de las instituciones, la organización flexible de la producción, el desarrollo urbano y la dinámica de aprendizaje colectivo son fuerzas que actúan sinérgicamente y condicionan la dinámica económica. Tiene, por lo tanto, una visión compleja del proceso de acumulación de capital, lo que le lleva a plantearse las políticas de desarrollo económico desde el territorio, y darle a la sociedad civil un papel protagonista en la definición y gestión del futuro de la economía.

Por otro lado, es una interpretación que se diferencia también del pensamiento estructuralista. Comparte con la teoría de la dependencia la idea de que la dependencia tecnológica supone una importante restricción en los procesos de desarrollo de las economías periféricas, en particular cuando los contratos de tecnología limitan la difusión del conocimiento y de las innovaciones y restringen el funcionamiento de las demás fuerzas del desarrollo de los territorios. Pero entiende que esta interpretación sólo explica parcialmente los factores que dificultan el desarrollo sostenible, ya que no tiene en cuenta los efectos y sinergias que producen las fuerzas del desarrollo en los procesos de crecimiento.

El pensamiento estructuralista parte de una conceptualización de la innovación de carácter metafísico, como si fuera un fenómeno externo a la propia actividad productiva que aparece de tiempo en tiempo, relacionado directamente con los descubrimientos científicos que se realizan en instituciones y centros de investigación ajenos al mundo económico. La innovación, sin embargo, es un fenómeno endógeno a la actividad económica, por lo que la explicación del atraso tecnológico de las regiones y países menos desarrollados estaría asociada, también, con las debilidades que se observan en la capacidad empresarial y organizativa de sus economías, que dificultan la adopción de innovaciones y, por lo tanto, el desarrollo industrial.

El pensamiento estructuralista, además, no siempre reconoce la diferencia entre innovaciones radicales e incrementales, lo que le lleva a no considerar que en los procesos de desarrollo desempeñan un papel importante la adopción y adaptación de tecnologías y la mejora progresiva de productos y procesos, como sostenía Katz (1976) al estudiar la industria de América Latina en la década de los setenta. Por último, no siempre se admite que, a pesar de los esfuerzos realizados en las últimas décadas del siglo XX, las instituciones existentes no facilitan los procesos de desarrollo y cambio estructural y existe una fuerte resistencia al cambio institucional que limita el proceso de desarrollo, como señala North (1990).

La teoría del desarrollo endógeno es una interpretación que ofrece respuestas útiles para el análisis de los procesos de desarrollo, lo que permite orientar las estrategias y las políticas de desarrollo, aunque no siempre discuta con profundidad algunas cuestiones relevantes para el desarrollo. Cuando analiza los mecanismos que inciden directamente sobre el crecimiento de la productividad, reconoce que la eficacia de las iniciativas locales depende de que las economías se desarrollen en el marco de políticas económicas que sean eficaces en el control de los equilibrios macroeconómicos, aunque frecuentemente no lo argumenta de forma expresa. Cuando aborda la coordinación de las acciones de los actores en el territorio, por otro lado, reconoce que la política de desarrollo es eficaz cuando impulsa la coordinación de las estrategias de los actores en el territorio, pero no analiza suficientemente los conflictos asociados con el cambio institucional y el equilibrio de poderes de la sociedad.

La teoría del desarrollo endógeno es, en todo caso, una interpretación que siempre se ha nutrido de los resultados de los estudios de casos sobre el desarrollo de las ciudades, regiones y países y de los efectos de las iniciativas y políticas de los actores públicos y privados en los procesos de desarrollo. Recoge las interpretaciones sobre las transformaciones y ajustes de los sistemas productivos y sobre las instituciones y políticas de desarrollo, así como los resultados de las evaluaciones de la ejecución de las iniciativas de desarrollo.

En la actualidad atraviesa por un momento de fuerte creatividad. A las interpretaciones de Becattini y de Fuà sobre los distritos industriales y la industrialización difusa le han seguido los trabajos que sobre sistemas productivos locales realizaron en los países de desarrollo tardío investigadores como Costa Campi y Gioachino Garofoli, y en los países menos desarrollados Schmitz, Gatto, Barcelos da Costa, Van Dijk y Rabellotti. La teoría evolutiva de la innovación de Nelson y Winter y la de los entornos innovadores del Grupo GREMI se ha ampliado con las investigaciones sobre los sistemas innovadores regionales y locales de Asheim y Isaksen y sobre las regiones innovadoras de Cooke y Morgan. Las aportaciones de North sobre los cambios institucionales del desarrollo se han visto enriquecidas con los trabajos de la teoría de la proximidad, como los de Gilly y de Dupuy. Los estudios de los grupos de investigación sobre redes de ciudades y sobre entornos urbanos de Camagni y de Cappellin han ampliado la interpretación territorial del desarrollo de Friedman y de Jacobs.

Los trabajos de Francisco Alburquerque, de José Arocena, de Edward J. Blakely, de Sergio Boisier, de Giancarlo Canzanelli y de Walter Stöhr sobre desarrollo local, finalmente, han inspirado a una nueva generación de investigadores preocupados por encontrar respuestas eficaces a los desafíos que presenta actualmente la pobreza y la desocupación. Para ello cuentan con el apoyo de políticos comprometidos con el desarrollo sostenible y con la presencia y las iniciativas de organizaciones e instituciones internacionales que, como el PNUD y la OIT, están cada vez más decididas a reducir las desigualdades entre los países ricos y los países pobres y a erradicar la pobreza.

BIBLIOGRAFÍA

Abramovitz, M. (1952). Economics of Growth, en B. F. Haley (ed.), *A Survey of Contemporary Economics*, Homewood, Il, Richard D. Irwin.

Aghon, G., Alburquerque, F. y Cortés, P. (2001). *Desarrollo Economico Local y Descentralización en América Latina: Un Analisis Comparativo*, Santiago de Chile, CEPAL/GTZ.

Alburquerque, F. (2001). *Evaluación y reflexiones sobre las iniciativas de desarrollo económico local en América Latina*, mecanografiado, Madrid, Consejo de Investigaciones Científicas.

Alfonso Gil, J. (2001). *Causas del desarrollo económico. España en Europa 1900-2000*, Madrid, Minerva Ediciones.

— (2002). *Empresa e Innovación en la Unión Europea*, editor, Madrid, Minerva Ediciones.

Arocena J. (1995). *El desarrollo local: un desafío contemporáneo*, Caracas, Nueva Sociedad.

Arrow, K. J. (1962). "The economic implications of learning by doing", *Review of Economic Studies* 29, págs. 155-173.

— (1974). *The Limits of Organization*, Nueva York, Norton.

Asheim, B. T. y Isaksen, A. (1997). "Location, agglomeration and innovation: Towards regional innovation systems in Norway", *European Planning Studies* 5, págs. 299-330.

Asheim, B. T., Isaksen, A. Nauwelaers, C. y Tödtling, F. (eds.) (2003). *Regional Innovation Policy for Samall-Medium Enterprises*, Cheltenham, Edward Elgar.

Aydalot, P. (1985). *Économie régionale et urbaine*, París, Economica.

— (1986). *Milieux innovateurs en Europe*, París, Economica.

Becattini, G. (1979). "Dal settore industriale al distretto industriale: alcune considerazione sull'unita di indagine dell'economia industriale", *Rivista di Economia e Politica Industriale* 1, págs. 7-21.

Bellandi, M. (1986). "El distrito industrial en Alfred Marshall", *Estudios Territoriales* 20, págs. 31-44.

Bennett, R. (1989). "Local economy and employment and development strategies: analysis for LEDA areas", *LEDA Report,* Bruselas, Comisión Europea.

Bernabé Maestre, J. M. (1983). *Industrialización difusa en la provincia de Alicante,* mimeografiado, Valencia, Facultad de Geografía de la Universidad de Valencia.

Berry, B. J. L. (1972). "Hierarchical diffusion: the basis of development filtering and spread in a system of growth centers", en N. H. Hansen (ed.), *Growth Centers in Regional Economic Development,* Nueva York, Free Press.

Biehl, D. (1986). *The contribution of Infrastructures to Regional Development. Final Report,* Luxemburgo, Comisión de las Comunidades Europeas.

Birch, D. L. (1979). "The job creation process", *Program on Neighborhood and Regional Change,* Cambridge, Mass., MIT Press.

Boisier, S. (2003). *El desarrollo en su lugar,* Santiago, Universidad Católica de Chile.

Boone, P. (1996). "Politics and the effectiveness of foreing aid", *European Economic Review,* 40, págs. 289-329.

Bramanti, A. y Senn, L. (1993). "Entrepreneurs, firm, 'milieu': Three different specifications of networking activities", en D. Maillat, M. Quevit and L. Senn (eds.), *Réseaux d'innovation et milieux innovateurs: un pari pour le développement régional,* Neuchâtel, Gremi-Edes.

Braudel, F. (1967). *Civilisation materiel, économie et capitalisme. XVe-XVIIe siècle,* París, Armand Colin.

Camagni, R. (1991). "Local 'milieu', uncertainty and innovation networks: towards a new dynamic theory of economic space", en R. Camagni (ed.), *Innovation Networks: Spatial Perspectives,* Londres, Belhaven Press.

— (2005). *Economía urbana* , Barcelona, Antoni Bosch, editor.

Camagni, R. *et al.* (1996). "Cities in Europe: globalisation, sustainability and cohesion", en *European Spatial Planning,* Roma, Presidenza del Consiglio dei Ministri.

Canzanelli, G. (2003). *The role of International Organizations for the Promotion of Endogenous Development,* mimeografiado, Ginebra, ILO y Nápoles, Università di Napoli.

Carpi, T., Banyuls Llopis, J., Cano Cano, E., Contreras Navarro, J. L., Gallego Bono, J. R., Picher Campos, J. V., Such Juan, J. y Torrejón Velardiez, M. (1999). *Dinámica industrial e innovación en la Comunidad Valenciana. Análisis de los distritos industriales del calzado, cerámica, mueble y textil*, Valencia, IMPIVA Generalitat Valenciana.

Castells, M. (2000). *La era de la información: Economía, sociedad y cultura. Volumen I: La Sociedad Red*, Madrid, Alianza Editorial.

CEPAL (2002). *Globalización y desarrollo*, Santiago de Chile, Publicación de las Naciones Unidas.

Chisholm, M. (1990). *Regions in Recession and Resurgence*, Londres, Unwin Hyman.

Ciccone, A. (2001). "Efectos de aglomeración en Europa y en EE UU", *Els Opuscles del CREI*, Barcelona, Generalitat de Catalunya y Universitat Pompeu Fabra.

Ciccone, A. y Hall, R. E. (1996). "Productivity and the Density of Economic Activity", *American Economic Review*, 86, págs. 54-70.

Coase, R. H. (1937) "The nature of the firm", *Economica* 4, págs. 386-405.

Conejos, J., Duch, E. Fontrodona, J., Hernández, J. M., Luzarraga, A. y Terre, E., (1997). *Cambio estratégico y clusters en Cataluña*, Barcelona, Gestión 2000.

Cooke, PII y Morgan, K. (1998). *The associational economy. Firms, regions and innovation*, Oxford, Oxford University Press.

Costa Campi, M. T. y Callejón, M. (1992). *La cooperación entre las empresas: una nueva estrategia competitiva*, Madrid, Ministerio de Industria, Turismo y Comercio.

Cotorruelo Menta, R. (1996). *Competitividad de las empresas y de los territorios*, mecanografiado, Madrid, Inmark.

Cotorruelo Menta, R. y Vázquez Barquero, A. (1997). "Nuevas Pautas de localización de las empresas industriales y de servicios a las empresas en España", en A. Vázquez Barquero, G. Garofoli y J. P. Gilly, *Gran Empresa y Desarrollo Económico*, Madrid, Editorial Síntesis.

Courlet, C. y Soulage, B. (1995). "Dinámicas industriales y territorio", en A. Vázquez Barquero y G. Garofoli (eds.) *Desarrollo Económico Local en Europa*, Madrid, Colegio de Economistas de Madrid.

Crevoisier, O., Maillat, D. y Vasserot, J. (1990). *L'apport du milieu dans le processus d'innovation: le cas de l'Arc Jurassien*, mecanografiado, Neuchâtel, IRER-Université de Neuchâtel.

Davelaar, E. J. (1991). *Regional Economic Analysis of Innovation and Incubation*, Aldershot, Avebury.

Dieperink, H. y Nijkamp, P. (1988). "Innovative behavior. Agglomeration economies and R and D infraestructure", *Empec* 13, págs. 35-77.

Domar, E. (1946). "Capital Expansion, Rate of Growth, and Employment", *Econometrica*, págs. 137-147.

Dosi, G. (1984). *Technical Change and Industrial Transformation*, Londres, Macmillan.

— (1988) "Sources, procedures and microeconomic effects of innovation", en *Journal of Economic Literature* 36, págs. 1.126-1.171.

Dunning, J. (1993). *Multinational Entreprises and the Global Economy*, Reading, Addison Wesley.

Dupuy, J. C. y Gilly, J. P. (1997). "Las estrategias territoriales de los grupos industriales", en A. Vázquez Barquero, G. Garofoli y G. P. Gilly (eds.), *Gran empresa y desarrollo económico*, Madrid, Síntesis.

Easterly, W. (2003). *En busca del crecimiento. Andanzas y tribulaciones de los economistas del desarrollo*, Barcelona, Antoni Bosch, editor.

Eichengreen, B. (2000). *La globalización del capital. Historia del sistema monetario internacional*, Barcelona, Antoni Bosch, editor.

Fei, J. y Ranis, G. (1997). *Growth and Development from an Evolutionary Perspective*, Oxford, Blackwell Publishers Ltd.

Ferrer, A. (1996). *Historia de la globalización*, Buenos Aires, Fondo de Cultura Económica.

Freeman, C. (1988). "Diffusion: the spread of new technology to firms, sectors and nations", en A. Heertje (ed.), *Innovation, Technology and Finance*, Londres, Frances Pinter.

Freeman, C., Clark, C. y Soete, L. (1982). *Unemployment and Technical Innovation. A Study of Long Waves and Economic Development*, Londres, Frances Pinter.

Freeman, C. y Soete, L. (1997) *The Economics of Industrial Innovation*, Cambridge, Mass., MIT Press.

Friedmann, J. y Weaver, C. (1979). *Territory and Function*, Londres, Edward Arnold.

Fuà, G. (1983). "L'industrializzazione nel nord est e nel centro", en G. Fuà y C. Zachia (eds.), *Industrializzazione senza fratture*, Bolonia, Il Mulino.

— (1988). "Small-scale industry in rural areas: the Italian experience", en K. J. Arrow (ed.), *The Balance Between Industry and Agriculture in Economic Development*, Londres, Macmillan.

— (1994). *Economic growth: a Discussion on Figures*, Ancona, Istao.

Fukuyama, F. (1995). *Trust. The Social Virtues and the Creation of Prosperity*, Londres, Penguin Books.

Garofoli, G., ed., (1992). *Endogeneous Development and Southern Europe*, Aldershot, Avebury.

Garofoli, G. (1995). "Desarrollo Económico, Organización de la Producción y Territorio", en A. Vázquez Barquero y G. Garofoli (eds.), *Desarrollo Económico Local en Europa*, Madrid, Colegio de Economistas de Madrid.

Gilly J. P. y Pecqueur, B. (1998). "Regolazione dei territori e dinamiche istituzionali di prossimità", *L'Industria* 3, págs. 501-525.

Gilly, J. P. y Torre, A. (2000). "Introduction Générale", en J. P. Gilly y A. Torre, A. (eds.), *Dynamiques de Proximité*, París, L'Harmattan.

Glaeser, E. (1998). "Are cities dying?", *Journal of Economic Perspectives* 12, 2, págs. 139-160.

Grabher, G. (1993). "Rediscovering the social in the economics of interfirm relations", en G. Grabher (ed.), *The Embedded Firm. On the Socioeconomics of Industrial Networks*, Londres, Routledge.

Granovetter, M. (1985). "Economic action and social structure: the problem of embeddedness", *American Journal of Sociology* 91, 3, págs. 481-510.

— 1992). "Problems of explanation in economic sociology", en N. Nohria y R. G. Eccles (eds.), *Network and Organization, Structure, Form and Action*, Boston, Harvard Business School Press.

Grossman, G. M. y Helpman, E. (1994). "Endogenous Innovation in the Theory of Growth", *Journal of Economic Perspectives*, 8, págs. 23-44.

Hakansson, H. y Johanson, J. (1993). "The network as a governance structure. Interfirm cooperation beyond markets and hierarchies", en G. Grabher (ed.), *The Embedded Firm. On the Socioeconomics of Industrial Networks*, Londres, Routledge.

Hall, P. (1991). "Moving information. A tale of four technologies", en J. Brotchie, M. Batty, P. Hall y P. Newton (eds.), *Cities of the 21st Century*, Harlow, Longman Cheshire.

— (1993). "Forces reshaping urban Europe", *Urban Studies* 30, 6, págs. 883-898.

Harrod, R. F. (1939). "An Essay in Dynamic Theory", *Economic Journal*, marzo, págs. 14-33.

— (1948). *Towards a Dynamic Economics*, Londres, McMillan.

Hoover, E. M. y Vernon, R. (1959). *Anatomy of a Metropolis*, Cambridge, Mass., Harvard University Press.

Hudson, J. (2004). "Introduction: aid and development", *Economic journal*, 496, págs. 185-190.

Jacobs, J. (1969). *The Economy of Cities*, Nueva York, Vintage Books.

Johannisson, B. (1995). "Paradigms and entrepreneurial networks–some methodological challenges", *Entrepreneurship and Regional Development 7*, págs. 215-231.

Katz, M. J. (1976). *Importación de Tecnología, Aprendizaje e Industrialización Dependiente*, México, Fondo de Cultura Económica.

Keeble, D. y Weber, E. (1986) "Introduction", en Keeble, D. y Weber, E., *New Firms and Regional Development in Europe*, Londres, Croom Helm.

Kooiman, J. (1993). "Finding, Speculation and Recommendations", en J. Kooiman (ed.), *Modern Governance. New Government. Society Interactions*, Londres, SAGE.

Krugman, P. (1992). *Geografía y comercio*, Barcelona, Antoni Bosch, editor.

— (1996). *La Organización espontánea de la economía, The Selft-organizing Economy*, Barcelona, Antoni Bosch, editor.

Kutznets, S. (1966). *Modern Economic Growth*, New Haven, Yale University Press.

Landes, D. S. (2000). *La Riqueza y la Pobreza de las Naciones*, Barcelona, Crítica.

Lasuén, J. R. (1976). *Ensayos sobre economía regional y urbana*, Barcelona, Ariel.

Lasuén, J. R. y Aranzadi, J. (2002). *El Crecimiento Económico y las Artes*, Madrid, Fundación Autor.

Lázaro Araujo, L. (2002). *Las acciones estructurales comunitarias en España y sus comunidades autónomas. Periodo 2000-2006*, Madrid, Oficina de la Comisión Europea.

Lewis, A. (1954). "Economic development with unlimited supplies of labour", *The Manchester School of Economic and Social Studies 22*, págs. 139-191.

— (1955). *The Theory of Economic Growth*, Londres, George Allen & Unwin.

Lucas, R. E. (1988). "On the mechanics of economic development", *Journal of Monetary Economics 22*, 1, págs. 129-144.

Maddison, A. (2001). *The World Economy. A Millenial Perspective*, París, Centro de Estudios de Desarrollo, OCDE.

Madoery, O. (2001). *Gobierno y política local en Argentina*, mecanografiado, Consejo de Investigaciones, Universidad Nacional de Rosario.

Maillat, D. (1990). "SMEs, innovation and territorial development", en R. Cappellin y P. Nijkamp (eds.), *The spatial context of technological development*, Aldershot, Avebury.

— (1995). "Territorial dynamic, innovative milieus and regional policy" *Entrepreneurship & Regional Development 7*, págs. 157-165.

— (1998). "Interaction between urban systems and localized productive systems", *European Planning Studies 6*, págs. 117-129.

Maillat, D., Nemeti, F. y Pfister, M. (1995). "Distrito Tecnológico e Innovación: el caso del Jura Suizo", en A. Vázquez Barquero y G. Garofoli (eds.), *Desarrollo Económico Local en Europa*, Madrid, Colegio de Economistas de Madrid.

Malecki, E. (1999). *Technology and Economic Development: The Dynamics of Local, Regional and National Conpetitiveness*, Londres, Longman.

Manson, C. (1991). "Spatial Variation in Enterprise", en R. Burrows, *Deciphering the Enterprise Culture*. Londres, Routledge.

Markusen, A. (2000). "Des lieux-aimants dans un espace mouvant: une typologie des districts industriels", en G. Benko y A. Lipietz (eds.), *La richesse des régions. La nouvelle geographie socioéconomique*, París, P.U.F.

Markusen, A. Hall, P. y Glasneier, A. (1986). *High Tech America*, Winchester, Mass., Allen and Unwin.

Marshall, A. (1890). *Principles of Economics*, Londres, Macmillan.

— (1919). *Industry and Trade*, Londres, Macmillan.

Milanovic, B. (2001). "World Income Inequality in the Second Half of the 20th Century", mecanografiado, Washington, D.C., World Bank.

Nelson, R., ed., (1993). *National Systems of Innovation: A Comparative Study*, Oxford, Oxford University Press.

Nelson, R. (1999). "How New is New Growth Theory?", *Challenge* 40, 5, págs. 29-58.

Nelson, R. y Winter, S. (1977). "In search of a useful theory of innovation", *Research Policy* 6, págs. 36-76.

— (1982). *An Evolutionary Theory of Economic Change*, Cambridge, Mass., Harvard University Press.

North, D. C. (1990). *Institutions, Institutional Change and Economic Performance*, Nueva York, Cambridge University Press.

— (1994). "Economic performance through time", *The American Economic Review* 83, 3, págs. 359-368.

OECD (1992). *Technology and the Economy. The Key Relationship*, París, OECD.

— (1994). *Urban Travel and Sustainable Development*, París, Environment Directorate.

— (1996). *Globalization and Linkages to 2020. Challenges and Opportunities for OECD Countries*, París, OECD.

O'Rourke, H. K. y Williamson, G. J. (1999). *Globalization and History. The Evolution of a Nineteenth Century Atlantic Economy*, Cambridge, Mass., The MIT Press.

Ottati, G. Dei (1994). "Trust, interlinking transactions and credit in the industrial districts", *Cambridge Journal of Economics* 18, págs. 529-546.

Panico, C., Fleitas Ruiz, R. y Vázquez Barquero, A. (2002). *External Evaluation Report. Local Human Development Programme in Cuba*, Habana, Programa de Naciones Unidas para el Desarrollo.

Pedersen, P. O. (1970). "Innovation diffusion within and between national urban systems" *Geographical Analysis* 51, págs. 252-268.

Pellegrin, J. P. (1991). *Le rôle des organismes intermédiaires dans le développement territorial*, mimeografiado, París, OECD, Programme ILE.

Perrin, J. C. (1990). "Organization industrielle: la composante territoriale", *Notes de Recherche du CER*, 112, Aix-en-Provence.

Perroux, F. (1955). "Note sur la notion de pôle de croissance", *Économie Appliquée* 7, págs. 307-320.

Porter, M. (1990). *The Competitive Advantage of Nations,* Nueva York, Free Press.

Quigley, J. M. (1998). "Urban diversity and economic growth", *Journal of Economic Perspectives* 12, 2, págs. 127-138.

Ray, D. (2002). *Economía del desarrollo*, Barcelona, Antoni Bosch, editor.

Richardson, H. (1973). *The Economics of Urban Size*, Farnborough, Saxon House.

Romer, M. P. (1986). "Increasing returns and long run growth", *Journal of Political Economy* 94, págs. 1.002-1.037.

Rosenstein-Rodan, P. N. (1943). "Problems of industrialization of Eastern and South-Eastern Europe" *Economic Journal* 53, págs. 202-211.

Rosseger, G. (1996). *The Economics of Production and Innovation,* Oxford, Butterworth-Heinemann.

Rostow, W. (1960). *The Stages of Economic Growth: a Non-communist Manifesto*, Cambridge, C.U.P.

Sáez Cala, A. (2001). *Los Sistemas Productivos Locales: Innovacion y Cadenas de Valor en Valencia, mimeografiado,* Madrid, Universidad Autónoma de Madrid.

Sala-i-Martin, X. (2000). *Apuntes de crecimiento económico,* 2ª ed., Barcelona, Antoni Bosch, editor.

Sassen, S. (1991). *The Global City: New York, London, Tokyo*, Princeton, N. J., Princeton University Press.

Saxenian, A. (1994). *Regional Advance, Culture and Competition in Silicon Valley and Route 128,* Cambridge, Mass., Harvard University Press.

Schumpeter, J. A. (1934). *The Theory of Economic Development,* Cambridge, Mass., Harvard University Press.

— (1943). *Capitalism, Socialism and Democracy*, Nueva York, Harper and Row.

Scott, A. (1988). *New Industrial Spaces*, Londres, Pion Ltd.

Scott, A. J. y Storper, M. (1991). "High Technology Industry and Regional Development: a Theoretical Critique and Reconstruction", Seminario sobre Parques Tecnológicos y Desarrollo Regional en Estados Unidos. Zamudio, Vizcaya, Parque Tecnológico del País Vasco.

Shapiro, C. y Varian, H. (1999). *El dominio de la información. Una guía estratégica para la economía de la red*, Barcelona, Antoni Bosch, editor.

Solow, R. (1956). "A contribution to the theory of economic growth", *Quarterly Journal of Economics* 78, págs. 65-94.

— (1994). "Perspectives on Growth Theory", *Journal of Economic Perspectives* 8, págs. 45-54.

Stöhr, W. B. (ed.) (1990). *Global Challenge and Local Response*, Londres, Mansell.

Stöhr, W. B. y Taylor, D. R. F. (eds.) (1981). *Development from Above or Below? The Dialectics of Regional Planning in Developing Countries*, Chichester, J. Wiley and Sons.

Summers, R. y Heston, A. (1991). "The Penn World Table (Mark5): An Expanded Set of International Comparisons, 1950-1988", *Quaterly Journal of Economics*, 106, 2, págs. 327-368.

Swan, T. W. (1956). "Economic growth and capital accumulation", *Economic Record* 32, págs. 334-361.

Todaro, M. P. (2000). *Economic Development*, Harlow, Addison-Wesley.

Törnqvist, G. (1986). *System of Cities in Changing Technical Environment*, mecanografiado, Department of Social and Economic Geography, Lund, University of Lund.

Trullén, J. (2003). "Economia de l'arc tecnòlogic de la regió metropolitana de Barcelona", *Elements de debat territorial*, 18, Universitat Autònoma de Barcelona.

Van Dijk, M. P. y Sverrisson, A. (2003). Enterprise Cluster in Developing Countries: Mechanisms of Transition and Stagnation, *Entrepreneurship & Regional Development*, 15, págs. 183-206.

Vázquez Barquero, A. (1988). Small-scale Industry in Rural Areas: The Spanish Experience since the Beginning of this Century, en K. J. Arrow, *The Balance between Industry and Agriculture in Economic Development*, Cambridge, Cambridge University Press.

— (1993). *Política Económica Local*, Madrid, Editorial Pirámide.

— (2002). *Endogenous Development*, Londres, Routledge.

Vegara, J. M. (1989). *Ensayos económicos sobre innovación tecnológica*, Madrid, Alianza Editorial.

Veltz, P. (1999). *Mundialización, Ciudades y Territorios. La Economía del Archipiélago*, Barcelona, Editorial Ariel Economía.

Weber, M. (1993). *La ética protestante y el espíritu del capitalismo*, Barcelona, Edicions 62. (Publicado por primera vez en alemán en 1904-1905.)

Williamson, O. E. (1985). *The Economic Institutions of Capitalism: Firms, Markets, Relational Contracting*, Nueva York, The Free Press.

— (1993). "Calculativeness, trust and economic organization", en *Journal of Law & Economics* XXXVI, págs. 453-486.

World Bank (2002). *Globalization, Growth and Poverty*, Nueva York, Oxford University Press.

ÍNDICE ANALÍTICO